KB010849

서문문고
135

사서삼경입문

이 민 수 지음

서 문

'사람이 배부르게 먹고, 따뜻한 옷을 입어, 편안히 거처하면서 아무것도 배우지 않는다면, 그것은 새나 짐승과 다를 것이 없다(飽食煖衣 逸居而無敎 則近於禽獸).' 이것은 맹자의 말이다.

사람은 물질의 충족만으로는 살지 못한다. 윗글은 내면적인 정신의 충족이 절대로 필요하다는 말이다.

현대는 어느 나라에서나 생산력의 증강이 고조되고 있다. 여기에 따라서 경제력, 즉 국민력의 강화가 요구되고 있다. 하지만 어느 나라에서나 이것에 병행하여 민도의 고양이 이루어지지 않으면 안 된다. 이 민도의 고양이란 단순한 경제력만으로는 좌우되지 못한다. 물질생활의 충족이 우선 필요한 반면에, 여기에 수반되는 정신의 무장이 절대적으로 요청되는 것은 더 말할 필요도 없다.

한 민족이 자주 독립의 정신을 굳건히 하고 나아가서 민족애를 고조하여 높은 도의적 가치를 얻으려면 우선 마음의 빈곤을 없애야 한다. 그러려면 민족적인 자각을 명확히 하여, 정당한 사상을 자기 내부에 확립시켜야 할 것이다. 그러기 위해서는 사회의 역사와 문화의 전통과 친하고, 이것을 이해하는 것이 필요함은 더 말할

나위도 없다.

≪사서삼경(四書三經)≫은 바로 우리나라 문화의 전통을 형성하는 중요한 성분이다. 그리고 이 글들은 우리들의 사고나 표현 속에 많은 영향을 끼치고 있다. 그러므로 우리가 전통문화에 성찰을 기울이고, 신문화 창조에 필요한 자료를 구하기 위해서 이 ≪사서삼경≫의 내력과 내용에 대해서 현대인의 입장에서 재음미한다는 것은 결코 무의미한 일은 아닐 것이다.

≪사서삼경≫의 구체적인 내용은 본문에서 소개한다. 이 글이 ≪사서삼경≫ 일곱 권의 줄거리를 알 수 있는 입문이 되기를 바란다.

四書三經入門

차 례

서   문 .... 〈李民樹〉 *3*

論 語 *9*

  1 緒   言 *11*

  2 공자의 생애와 논어 *14*

  3 공자의 사상 *19*

  4 유교의 성립 *28*

孟 子 *91*

  1 緒   言 *93*

  2 맹자의 遊歷年表 *96*

  3 맹자7편 *100*

大 學 *153*

  1 君子政治 *155*

  2 大學之道 *158*

  3 修己治人 *162*

中 庸 *173*

  1 중용의 덕 *175*

  2 중용의 구성 *181*

書 經 *191*

  1 신화와 역사 *193*

2 서경의 내력과 내용 ·································· *199*

詩　經 ·· *223*
1 시경에 대하여 ··· *225*
2 편자에 대하여 ··· *231*
3 注釋本에 대하여 ···································· *233*

周　易 ··· *265*
1 경전으로서의 확립 ································ *267*
2 易의 사상 ··· *269*
3 易의 구성 ··· *272*

論　語

1 緖 言

《논어》는 공자의 언행록이다. 공자가 세상을 떠난 뒤에 그의 문제자(門弟子)들이 귀로 익히 들은 말, 또는 생전에 손수 써놓은 교훈 등을 뒤에 가서 모아서 편찬한 것이다. 그 편찬이 누구의 손으로 이루어졌는지, 또는 어느 시기에 완성되었는지는 분명치 않지만, 현재 공자의 품격과 정신을 엿보려면 이 이상 더 확실한 자료는 없다. 그리하여 그의 본국인 중국은 물론, 우리나라에서도 몹시 존중히 여겨 그 주석서가 수없이 많다.

그러나 그저 《논어》라고 한대도 원본이 꼭 일정하지는 않다. 위(魏)의 하안(何晏)의 논어서(論語序)에 의하면 한(漢)나라 시대에는 고론(古論)·노론(老論)·제론(齊論)의 3 종의 원본이 있어, 그 편장(篇章)의 이동(異同)이나 글자의 차이도 적지 않다고 한다. 그러므로 그 이후의 주석가들은 각자 자기의 안목대로 이런 3 종의 원본을 취사하고 절충해서 정본(定本)을 만들었을 것이다. 그러니 어떤 원본이 지금 전해진 것인지 분명치 않다.

더구나 2천 년 동안이나 내려오는 오랜 세월에 몇천명, 몇백 번의 전사(轉寫)나 개각(改刻)을 거쳤을지 알수 없으니 중간에 탈락이나 오자가 생겼을 것은 오히려 당연한 일이다. 그러니 현재 전해지고 있는 ≪논어≫에 여러 가지 이동이 있는 것은 주로 이러한 사정에 원인이 있다. 이제 정당하게 ≪논어≫를 이해하려면 첫째 여러 종류의 이본(異本)을 모아서 이것을 손수 정정해 보지 않고서는 안 될 것이다.

맨 처음 이 점에 주의를 기울였던 학자는 수당(隋唐) 사이의 명유 육덕명(陸德明)으로 알려진다. 그의 경전석문(經典釋文) 30권 중에는 논어음의(論語音義) 두 권이 있어서 여기에서 당시 있었던 여러 종류의 이본이 교정되고 합본되었다. 이러한 작업이나 연구는 그 후로 오랫동안 등한히 여겨져 왔다. 그러다가 청조에 이르러 고증학(考證學)이 일세를 풍미하게 되자 다시 대두하기 시작하여 적호(翟灝)의 ≪사서고이(四書考異)≫나 완원(阮元)의 ≪십삼경교감기(十三經校勘記)≫와 같은 전문 서적이 나타나기 시작했다. 이러한 여러 사람의 저술을 보면 같은 ≪논어≫ 속에도 이본이 상당히 있어서 용이하게 통일시킬 수 없게 되었다.

그러나 이러한 이본들을 정리하면 대체로 두 가지 계통으로 나눌 수가 있다.

첫째, 당나라 문종의 개성 연간에 새겨진 소위 개성석경(開成石經)에 연원하는 것으로서 중국의 판본은 이 계통에 속한다.

둘째, 당나라 때 우리나라로 들어온 고사본(古寫本)이 그것이다. 다시 그 옛날로 거슬러올라가면 앞엣것은 육덕명이 채택해 쓴 본문에 가깝고, 뒤엣것은 그 주기(注記)를 인용한 일종의 이본에 가깝다. 이 두 가지 계통의 원본을 후한시대에 새겨진 가평석경(嘉平石經)의 남은 글자와 대조해 보면 어느 계통의 글이고 장점과 단점이 있어서 얼핏 그 시비를 가릴 수 없다.

《논어》의 주석서는 꽤 많다. 이것을 모두 다 통독할 수는 도저히 없다. 그러나 이 중에서 특별히 대표적인 것으로 위(魏)의 하안의 집주(集註)와 송나라 주자의 집주를 들지 않을 수 없다.

앞엣것은 위의 하안이 한위제가(漢魏諸家)의 주해를 모아서 부족한 것을 보충한 것으로서, 보통 이것을 고주(古註)라고 한다. 뒤엣것은 남송(南宋)의 주자가 북송(北宋) 명유들의 설을 모아 가지고 일가를 이룬 것으로, 학자들은 이를 신주(新註)라고 일컫는다.

다시 이 고주를 소석(疏釋)한 것으로는 양(梁)의 황간(皇侃)의 의소(義疏), 송(宋)의 형병(刑昺)의 소(疏), 청(淸)의 유보남(劉寶楠)의 정의(正義), 반유성(潘維城)의 고주집전(古註集箋) 등이 있다. 신주를 부연한 것으로는 송의 조순손(趙順孫)의 찬소(纂疏), 김이상(金履祥)의 고증(考證), 명(明)의 호광(胡廣) 등의 대전(大全), 청의 왕보청(王步靑)의 회삼(滙參), 간조량(簡朝亮)의 술소(述疏) 등이 있다.

또 고주와 신주를 취사 절충해서 일가를 이룬 것으로는 청의 황식삼(黃式三)의 후안(後晏)이 있다.

2 공자의 생애와 논어

공자의 이름은 구(丘), 자는 중니(中尼)다. 그의 생몰에 대해서는 약간의 고증이 필요하다. 기원전 551년이라고 추정하는 것이 가장 정당하다고 생각된다. 이것은 공자의 조국 노(魯)의 양왕 21년으로, 당시 천하를 다스리고 있던 주(周)의 영왕 20년에 해당한다.

석가의 생년도 분명히는 모르지만 대체로 중성점기(衆聖點記)를 믿어 그 입적한 해를 기원전 485년으로 추정하고 있다. 세상에 있었던 햇수만 분명하면 생년 역시 알 수 있다. 그런데 석가는 입적하기 직전에 최후의 제자 수발타라(須跋陀羅)에 대해서 다음과 같은 문구의 게(偈)를 주었다고 한다.

"내 나이 29세, 출가해서 도를 구했다. 수발아, 내가 출가한 지 이제 50년이 된다."

이 말에 의하면 29세에 출가해서 50년이 되었다면 79세, 약 80년, 이것이 석가 입적 직전이라고 하니, 먼저 말한 입적의 해를 기원전 485년이라고 친다면 그가 탄생한 것은 기원전 505년이 된다.

그러므로 공자가 탄생했을 때는 석가는 이미 14,5세가 되었을 것이다. 그리고 그리스도는 물론 공자의 생후 약 555년 뒤에 났다고 추측된다.

이상으로 공자가 탄생한 해를 노나라 양공 21년이라고 하는 것은 실은 ≪춘추(春秋)≫〈공양전(公羊傳)〉·〈곡량전(穀梁傳)〉에 의한 것이고, ≪사기(史記)≫에는 〈공자세가(孔子世家)〉나 〈십이제후연표(十二諸候年表)〉에나 모두 양공 22년이라고 씌어 있다. 어찌해서 이런 1년의 차이가 생겼는지 여기에 대해서 어떤 사람은 주(周)의 11월은 동지를 경계로 해서 이듬해로 넣는 관습이 있기 때문이라고 하지만 명백히 알 수 없다.

다음으로 탄생한 월일에 대해서는 ≪사기≫에는 기록되어 있지 않다. 다만 〈공양전〉에 무엇을 기본으로 했는지 11월 경자일에 공자가 탄생했다 했고, 〈곡량전〉에는 10월 경자일이라고 했다. 그러나 책력을 찾아봐도 양공 21년 11월에 경자일은 없다. 중국에서는 이것을 오늘날의 책력으로 고쳐서 8월 27일로 결정지었다.

공자가 죽은 해는 노나라 애공 16년에 해당한다. 이것은 주나라 경왕 41년으로 기원전 478년이다. 그러므로 ≪사기≫의 말에 따라서 생년을 양공 22년으로 한다면 공자는 향년 73세가 되고, 〈공양전〉·〈곡량전〉에 따르면 74세에 죽은 셈이 된다.

그가 탄생한 곳은 노나라 창평향(昌平鄉) 추유(陬邑)이다. 이곳은 지금의 곡부(曲阜)에서 그다지 멀지 않은 노원촌(魯原村)으로 수수(洙水)를 등지고 사수(泗水)가 앞에 흐른다고 한다. 곧 지금의 산동성이다.

그의 아버지는 공흘(孔紇), 자는 숙량(叔梁)이다. 어머니는 안씨(顔氏), 이름은 징재(徵在)라고 한다. 그의 사적은 주로 ≪사기≫의 〈공자세가〉에 실려 있고, 그의 말은 ≪논어≫ 속에 모여 있다. ≪사기≫의 〈공자세가〉는 전한의 사가 사마천에 의해서 씌어진 것으로 공자의 전기 중에서 가장 오래되었고 믿을 수 있는 글이다. 그러나 여기에서도 때로 미심쩍은 곳이 있어서 후세 학자들의 의논의 표적이 된 점도 없지 않다. 여기에서 우리는 이제 ≪논어≫ 〈위정편(爲政篇)〉에 실려 있는 공자 자신의 말을 갖고 그 일생을 더듬어 보기로 한다.

'나는 열다섯 살에 학문에 뜻을 두었고, 30에 자립하고, 40에 의혹하지 않고, 50에 하늘의 명령을 알고, 60에 남의 말에도 귀를 기울이고, 70에 하고 싶은 일을 좇아도 법도를 넘지 않았다.'

(吾十有五而志于學 三十而立 四十而不惑 五十而知天命 六十而耳順 七十而從心所欲不踰矩)

이것은 공자가 만년에 이르러 자기의 일생을 회고한 말이다. 따라서 공자의 경력을 아는데는 이보다 더 정확한 자료가 없다. 그런데 여기에서 공자는 10년마다 자기의 수양이 진보한 것을 말하고 있다. 그 중에서 획기적인 것으로, '十有五而志于學', '三十而立', '五十而知天命'이란 세 조목을 들 수 있다. 즉 15세로부터 30세까지 공자는 학문 수양의 시대였지만, 30 이후로부터는 실사회에서 활동한 시대다.

　그러면 공자가 '三十而立'이라고 한 것은 어떠한 지위
에 있었다는 것을 말하는 것일까? ≪사기≫〈공자세가〉
에서는 이것을 설명하여,

　　'공자가 자라자 일찍이 위리(委吏)가 되었는데 요량(料量)
　　하는 것이 공평했다. 또 일찍이 사직(司職)의 관리가 되었는
　　데 가축이 번식했다.'

고 했다. 이 위리란 곡식 창고를 주장하는 관리다. 사직
의 관리라는 것은 가축을 주장하는 관리다. 공자는 이
렇게 처음에는 위리나 사직의 관리 같은 보잘것없는 자
리에서 일했다. 그러나 그는 직무에 대해서 충실하여,
곡식의 출입이 공평했고, 목양(牧羊)은 점점 번식해 나
갔던 것이다.

　공자는 그 뒤에 승진하여 중도재(中都宰)가 되고, 노
나라 사공(司空)이 되고, 대사구(大司寇)가 되어 정치
무대에 서게 되었다. 하지만 그 뒤 얼마 안 가서 노나
라 정치에서 떠나 여러 나라들을 유력하게 되었다. 처
음 유력에 나선 때가 56세였다고 하니, '五十而天命'한
지 얼마 안 돼서였다.

　천명(天命)이란 하늘에서 인간에게 부여한 도덕성을
말하는 것이다. 공자는 나이 50에, 인간에게는 선천적
으로 부여받은 덕성(德性)이 있어서 이것을 발휘하고

완성시키는 것이 인간의 궁극의 목적이라는 것을 깨달은 것이다. 그래서 공자는 우선 노나라에서 그 목적을 달성할 수 있는 정치를 해보려 했다. 하지만 당시 노나라에서는 배신(陪臣) 삼환(三桓)이 권력을 제맘대로 부려서 공자의 이러한 이상은 행해질 수 없었다.

그는 노나라를 떠나 위나라로 가고, 계속하여 진(陳)·송(宋)·정(鄭)·채(蔡)·섭(葉)·초(楚) 등 모든 나라를 유세했지만 이 역시 그의 이상을 행할 수가 없다는 것을 깨달았다. 공자는 하는 수 없이 드디어 자기 고향으로 돌아가 문인들의 교육에 전념하게 되었다. 공자의 가르침을 받은 문인은 꽤 많은, 그 중에서 이름이 알려진 사람만도 70여 명이나 된다. 이들 문제자의 약력은 《사기》의 〈중니제자열전(仲尼弟子列傳)〉 속에 기록되어 있다. 그리고 이들 문제자와 공자와의 문답이 《논어》 속에 수록되어 있다.

3 공자의 사상

공자는 노나라 사람이다. 노나라란 지금의 산동성 서
남부에 있다. 주의 초년에 주공(周公)의 아들 백금(伯
禽)이 봉해진 나라다. 그러니 이 노나라에서 난 공자로
서 그 건국의 조(祖)의 아버지인 주공을 경모하게 된
것은 당연한 일일 것이다.

주공은 주나라 초년의 위대한 정치가로서 빛나는 예
제(禮制)와 8백 년 동안 누린 태평은 모두 그의 경영에
서 이루어졌다. 그런데 공자 당시에 예제는 무너지고
제후들은 오직 자기 나라만을 부강하게 만들어 남의 나
라를 잠식할 것만을 꾀하였다. 그래서 공자는 어떻게
해서라도 다시 한번 주나라 예법을 부흥시켜 옛날로 돌
아가게 하려고 생각하고 항상 주공을 이상으로 삼아 몽
매간에도 잊지 않았다. 이런 마음가짐은 ≪논어≫의
한 장에서 잘 나타나 있다.

'심하도다, 나의 늙음이여! 내 오랫동안 공경하던 주공을 꿈
속에서도 보지 못하였구나.'
(甚矣 吾衰也 久矣 吾不復夢見周公)

따라서 공자의 목적은 주의 예(禮)를 부흥시켜서 주

공의 이상을 재현시키는 데 있었다고 할 수 있다.

그러면 이 예란 무엇인가? 예란 자를 분석해 보면 시 (示)와 풍(豊)으로 되어 있다. 또 시는 신(神)을 의미하고 풍은 두(豆), 즉 신에게 음식을 공양한다는 모양의 상형문자다. 따라서 예란 자의 최초의 뜻은 신을 제사지내는 의식이라는 것이었다. 이것이 변해서 이제는 인간 교제의 예의로 된 것이다. 이와 같이 인간 교제의 예의는 인간이 사회생활을 영위하는 사이에 자연히 발생한 선풍 미속이다. 그러나 이것이 위정자의 손에 수정되면 법적인 요소가 가해진다. 그리하여 이것이 다시 진보되면 예와 법은 분화되어 예는 법에 대립되는 것으로도 생각된다. 하지만 공자의 이른바 예는 아직 법과 분화되기 이전의 것이다.

≪사기≫ 〈공자세가〉에 의하면 공자는 어렸을 때 노는 데도 제기(祭器)를 늘어놓고 예의 시늉을 했다고 한다. 이것의 사실 여부는 별문제로 하고라도 공자가 예에 대한 관심이 깊었다는 것을 역력히 엿볼 수 있다. 다시 ≪논어≫에 의하면, 공자는 하(夏)의 예를 연구하려 하여 하의 후예인 기국(杞國)을 조사하고, 또 은 (殷)의 예를 분명히 알기 위하여 그 자손의 나라인 송을 조사했으나, 어느 곳에서도 문헌이 부족한 탓에 목적을 이루지 못했다고 씌어 있다.

그러나 하·은 2대의 예를 가감해서 제정된 주나라 예에는 찬란하게 완비된 것이 있었기에 그 자신은 주나라 예에 따른다고도 말하고 있다. 여기에서 찬란하게 갖추어진 주나라 예란 바로 주공이 제정한 것에 근본하는 것으로서 부흥을 위해 노력한 점에서 본다면 공자는 주공의 조술자(祖述者)이다.

그러나 예는 형식적인 것이기도 하다. 그래서 시세의 추이에 따라서 변경을 요하는 것은 두말할 것도 없다. 공자 당시에도 주나라의 예는 이미 시대에 뒤떨어졌다고 해서 일반 사람들에게서 소중히 여겨지지 않고, 겨우 남아 있다는 것마저도 역시 그 제정 당시의 정신은 망각해 버린 듯했다. 여기에서 공자는 예의 형식을 보존하려고 애쓰는 동시에 이에서 일보 전진해서 새로운 정신을 넣어 주려 했다. 여기에 공자의 정신적 특징이 있다.

그러면 공자에 의하여 부여된 새로운 정신이란 무엇인가? 그것은 '인(仁)'이라는 한 자다. 인이란 '인(人)'자와 '이(二)' 자를 합쳐서 만들어진 글자로서 사람과 사람이 서로서로 친해서 평화스러운 사회생활을 한다는 뜻이다. 대체로 예는 인간의 사회생활을 원활히 하기 위해서 생겨진 습속이다. 그러므로 옛날부터 '예(禮)는 화(利)를 가장 귀하게 여긴다' 했다. 그러나 공자는 '화' 대신으로 인을 썼다. 여기에서 예의 정신이 서로 조화하는 것에서 서로 친하고 사랑하는 것으로 바뀌어진 셈이다. '조화'와 '친애'와는 그다지 큰 차이가 없다고 생각될지도 모른다. 하지만 실은 여기에 큰 진보가 있다는 것을 주의하지 않으면 안 된다. 조화라고만 간단히 말하면, 그것이 진심에서 나온 것이거나 또는 타산적으로 타협하는 것이나간에 어느것이나 조화를 이룰 수 있다. 그러나 인이라는 것은 털끝만한 타산도 용서치 않는다. 다만 그것은 인간의 도덕성에서 우러나온 것이라야만 한다. 이것이 화(和)와 인(仁)의 크게 다른 점이다.

공자는 '五十而知天命'이라고 했다. 그러나 이 이른바 천명이란 하늘이 인간에 이렇게 하라고 명령한 것이기 때문에 사람으로서 말하자면 인간이 하늘에서 향수한 덕을 의미한다. 따라서 공자가 '천명을 알았다'고 한 말은 다른 말로 하면, '인간의 덕이 무엇인가를 깨달았다'는 것이다. 여기에서 ≪논어≫ 전체를 통독해 보면 공자는 인간의 덕을 '지'(知)와 '인' 두 가지로 생각한 듯하다. 이 '지'란 시비 선악을 판단하는 지적인 작용이다. '인'이란 다른 사람을 사랑하는 정적인 작용이다. 인간의 정신활동은 이 지와 인과의 양면으로 되어 있다. 그러나 이 양면은 각각 독립해서 존재하는 것이 아니고, 서로 밀접한 관계에 있다.

≪논어≫ 속에는,

'어진 것을 좋아하고 배움을 좋아하지 않으면 그 폐단은 어리석다.'

(好仁不好學 其蔽也愚)

하여, 어진 것을 온전히 하기 위해서는 학문에 의해서 지혜를 닦는 것이 필요하다는 것을 설명했다. 그러나 또,

'아는 것이 지위를 유지할 만해도, 어진 것이 이를 지키지 못하면 아무리 지위를 얻어도 반드시 이를 잃게 될 것이다.'
(知爲之 仁不能守之 雖得之 必失之)

하여 지도 역시 인에 의하지 않고서는 지로서의 할 일을 온전히 할 수 없다고 말했다.

이와 같이 인과 지는 밀접한 관계가 있는 덕이므로 인이라고 하면 반드시 그 이면에는 지가 숨어 있게 마련이요, 지라고 하면 반드시 그 일면에 인이 움직이고 있는 것이다. 이 두 가지는 필경 하나의 정신활동의 양면이다. 그러므로 공자는 이것을 총괄해서 인이라고 부른 것이다. 즉, 하늘에서 주어진 인간의 덕성은 인이요, 이 덕성을 발휘하여 완성시키는 것이 인간의 도덕이다. 예(禮)의 정신 목적도 분명히 이 인덕(仁德)을 발양하는 것 이외에는 아무것도 없다.

여기에서 공지는 또,

'자기 몸을 극복해서 예로 돌아가는 것을 인이라 한다.'
(尅己復禮 爲仁)

고도 말하고 또,

'사람으로서 어질지 않으면 예를 어찌 하겠는가.'
 (人而不仁 如禮何)

라고도 말하고 있다. 이런 말들에 의해서 생각하면, 공자는 표면적으로는 주공이 제정한 예제의 부흥을 뜻했지만, 정신적으로는 인간 천부의 인덕(仁德)을 발휘해서 사람과 사람이 서로 사랑하여 평화스럽게 사회생활을 영위하게 하려고 뜻했던 것이다. 공자의 이른바 도란 곧 이것을 말하는 것이다.

그러면 인도(仁道)를 실현시키기 위해선 어떻게 하면 좋은가? 이에는 대체로 두 가지 방법이 있다. 위에서 말한 것과 같이 '인'의 본질은 친애의 정(情)으로서 가장 치열하고 순진한 것은 부자간의 애정이요, 형제간의 우애이다. 이 점에서 말하면 '인'의 실행은 우선 부자ㆍ형제 사이에서부터 시작돼야 할 것이다.

공자의 제자 유약(有若)이,

'군자는 먼저 근본되는 일에 힘쓰거니와 근본이 서야 도가 생긴다. 효도와 우애는 인의 근본인가?'
 (君子豫本 本立而道生 孝悌也者 其仁之本與)

라 한 것이 바로 이런 의미이다. 이리하여 부자ㆍ형제간의 친애의 정이 넓게 펴져서 사회 전반에 미칠 때, 인도가 완성된다고 말해도 좋을 것이다. 즉 국가 사회의 정신도 역시 효제에서 벗어나는 것은 없다.

여기에서 공자는 상서(尙書) 일문(逸文) 속의,

'오직 효도하고 형제에게 우애하는 것이 곧 정사를 베푸는
것이다.'

(孝乎唯孝 友于兄弟 施於有政)

한 말을 인용해서 효도와 우애의 도가 완전히 행해진다
면 국가를 위해 좋은 정치를 한 것과 같은 효과라고 찬
양하고 있다. 그러므로 가정 안에서 부모에게 효도를
다하고 형제간에 우애있게 지내는 일에서부터 시작하
여, 이와 같은 마음을 넓게 국가 사회에까지 미치게 하
는 것이 인도를 실행하는 방법의 한 가지이다.

이 '인'이란 결코 밖에서 온 물건이 아니고, 우리들
인간이 태어남과 동시에 하늘에서 부여받은 고유한 덕
이기 때문에 이것을 다른 곳에서 구할 필요는 없다.

'어진 것을 함은 몸에서 구할 것이다. 어찌 남에게서 구하
랴?'

(爲人由己 而由人乎哉)

한 것은 이 뜻을 말한 것이다.

어느날 공자가 제자들과 이야기하다가 특별히 증자를
불러

"삼(參)아! 내 도는 오직 한 가지를 행할 뿐이다. 너

는 이것을 알고 있느냐?"

하고 물었다. 증자가 즉시,

"예! 압니다."

하고 분명히 대답했다.

그 자리에서 헤어진 뒤에 제자들은 증자에게로 모여
들었다.

"먼저 그대가 대답한 말은 무슨 뜻인가?"

하고 물었다.

그러자 증자가,

"선생님의 도는 충(忠)과 서(恕)뿐이다."

하고 간명하게 대답했다고 한다.   〈論語里仁四〉

여기에서 충서(忠恕)는 인도를 실행하는 유일한 방법
이라고 설명되어 있다. 충이란 자는 '中'과 '心'의 두 자
를 합친 글자로서 스스로 마음속에 반성해서 속이지 않
고 양심이 명하는 대로 좇는다는 뜻이다. 서란 '如'와
'心'의 두 자를 합친 글자다. 자기가 하고자 하는 것을
남에게 베풀고 내가 싫어하는 것을 남에게 시키지 않는
다는 뜻이다. 이 서가 행해지기 위해서는 그 전제로 우
선 충이 행해지지 않으면 안 된다. 그러나 이 '충서'란
결국 그 근본을 소급해 보면 충의 한 글자가 되고 만
다. 충이란 자기의 마음을 반성해서 무엇이 도덕적인
가를 직각하는 것으로서 이것이 '인'을 행하는 제2의 방
법이다.

따라서 공자에 의하면, 인도란 우선 자기 마음을 반

성해서 도덕을 직각하는 것, 다음으로 가정 안에서 부
모에게 효도하고 형제간에 우애하여, 이 마음을 널리
국가 사회에 미치게 하여 사회 전체가 서로 친하고 서
로 사랑하여 평화스러운 생활을 영위하는 것이다.

4 유교의 성립

　공자의 입교(立敎)는 형식적으로는 주례(周禮)의 부흥을 목표로 하고, 정신적으로는 인도(仁道)를 제창한 것이다. 이른바 인도란 하늘에서 부명(賦命)한 인간 고유의 인덕(仁德)에 근본하는 것이기 때문에 이를 실현하자면 우선 자기를 내성(內省)하여 충을 행하는 것이 제1 요건이다. 다음으로는 이로써 직각할 수 있는 부자간의 사랑, 형제간의 우애에서 출발하여 사회 전체의 화친을 도모하는 것을 실행의 요체로 삼는 것이다. 이것이 바로 공자 입교의 정신이다.

　공자는 이 정신을 가지고 많은 제자들을 가르쳐 유교의 창시자가 되었다. ≪논어≫ 〈술이편(述而篇)〉에 의하면 공자는, 문(文)·행(行)·충(忠)·신(信) 이 네 가지를 가지고 제자들을 가르쳤다고 했다. 그러면 여기에서 이 네 가지를 설명하여 공문(孔門) 교육의 개요를 엿보기로 하겠다.

　첫째, 문이란 유교의 경전이다. 후세의 유학자들은 易·書·詩·禮·樂·春秋의 여섯 가지를 육경이라고 불러 이를 존숭해 왔다. 그러나 공자 당시의 예악은 다만 사실 그것으로 행해지고 있을 뿐, 문헌으로는 이루어져 있지 않았다. 또 춘추는 공자의 저술로서 맹자 이후의 유학자들에게 소중히 여겨졌지만 공자 자신이 자기가 쓴 책을 경전으로 삼았을 리는 없다.

≪논어≫〈술이편〉에 보면, '加我數年 五十而學易 可以無大過矣'라고 한 것을 후세 학자들은 '내가 몇 년을 더 살아 50에 주역을 읽게 된다면 큰 허물이 없을 것이다'라고 풀어서 공자가 만년에 주역을 애독하여 위편삼절(韋編三絶)하기에 이르렀다고 했다. 그러나 ≪논어≫ 이장의 '易'이란 자는 노론(魯論)이라는 옛 책에는 '亦'으로 되어 있어서 '50이 되어서도 배운다면 역시 큰 허물이 없을 것이다'라고 읽혔다. 그러므로 이것을 가지고 공자가 주역을 존중한 증거는 되지 못한다.

따라서 공자가 경전으로서 인용한 글은 오직 시(詩)와 서(書)뿐이다. 예·악·춘추·역 등이 유교의 경전이 된 것은 후세의 일이고, 공자는 오직 시와 서 두 가지에 의해서 제자들을 가르친 것이다. 시란 고대의 민요나 시인들의 좋은 작품들을 모은 것이다. 서는 고대 성제(聖帝)들의 조칙이나 훈계 등을 모은 것이다. 공자는 이 시와 서에 의해서 옛 성현의 정신을 설명했던 것이다.

둘째로 '행'이란 효제의 행을 말한다. ≪논어≫〈학이편(學而篇)〉을 보면,

'학도는 집에 들면 부모에게 효도하고, 밖에 나가면 어른을 공경하며, 품행은 근신하여 미더우며, 널리 대중을 사랑하여

어진 자와 친하며, 행하여 남은 힘이 있으면 곧 글을 배울 것
이다.'

　　(弟子入則孝 出則弟 謹而信 汎愛衆而親仁 行有餘力則以學文)

한 한 장에 있어서 행이란 자가 '문'이란 자와 대조적으
로 씌어져 있다. 이 행이 위에 있는 효제를 가리킴은
명확하다. 사교(四敎)의 행도 역시 효제를 가리켰을 것
이다.

　셋째의 '충'과 넷째의 '신'은 모두 정성을 뜻하는 글자
로서 그 뜻은 마찬가지다. 이 두 글자의 뜻은,

　　'증자가 말하기를, 내가 날로 세 가지를 스스로 반성한다.
남을 위하여 일을 도모하는 데 성실을 다했던가? 친구와 사귀
는 데 신의가 있었던가?'

　　(曾子曰 吾日三省吾身 爲人謀而不忠乎 與朋友交而不信乎)

라는 한 장에서 명료하게 살펴 알 수 있다. 충이란 자
기 마음에 꾀하여 남을 속이지 않는다는 뜻이고, 신은
남에게 약속한 말을 고치지 않는다는 뜻이다. 앞엣것은
주관을 내성해서 어떻게 하는 것이 도덕적인가를 직감
하는 것이고, 뒤엣것은 남에게 어떻게 할 것인가를 가
르친 것이다. 이 두 가지는 지향하는 바가 다르기는 하
지만 그 어느 것이나 '정성'에 바탕을 두고 거짓이 없고
속이지 말라는 것을 가르친 점에 있어서는 마찬가지다.

　다시 말해서 정성스러운 정신이 안으로 향해서 움직

일 때는 충이 되고, 밖으로 향해서 움직일 때는 신이
된다. 여기에서 ≪논어≫ 속에 이 충신이라는 두 글자
가 가끔 인용되어 있다.

거듭 말하지만 공자의 가르침, 즉 '인도(仁道)'는 자
기 몸을 내성해서 도덕을 직각하는 것이고, 실천적으로
는 효제의 행실을 힘써서 이것을 사회 전반에 미치게
하는 것이었다. 후자의 측면에서 보면, 공자의 '인'을 그
실천의 제1보로 삼고, 이것을 효라고 규정지어 인류 도
덕의 전체가 효도의 전개라고 설명한 이로서 공자의 제
자 증자가 있다. 자사(子思)는 다시 이것을 계승하여
도덕의 본질을 형식적인 양끝 가운데서 과불급이 없는
중용(中庸)에 두어야 한다고 강조했다. 맹자의 성선설
은 실로 이 자사의 계통에서 나왔으며 그 위에 자기 내
성을 더 깊게 설명한 것이라 하겠다.

혹은 다음과 같이 생각해도 좋을 것이다.

공자의 '인도'의 실천은 정신적으로는 충서(忠恕)에
의했고, 형식적으로는 예에 복종함으로써 이루어진다.
충서는 인간에게 선천적으로 구비된 덕성에서 시작한
내성의 길이요, 예에 따르는 것은 형식적으로 인류 사
회의 법도에 의해서 행동을 시정해 나가는 방법이다.

공자는 항상 충서와 복례의 양면으로 문인들을 가르
쳤다. 증자는 공자의 도는 충서라고 말했다. 여기에 대
해서 안연은 극기복례(克己復禮)를 인(仁)이라고 했다.
맹자의 성선설은 사람에게는 인의예지의 네 가지 덕이

잠재해 있어서 이것이 있기 때문에 충서가 인도(仁道)를 실천하는 방법이 될 수 있다고 논증하여 충서설(忠恕說)에 대하여 철학적 기초를 두려고 했던 것이다.

이에 반해서 복례설(復禮說)을 계승한 순자(荀子)는 예를 존중하던 끝에 성악설을 제창하여 맹자에 반대하고 나섰다. 하지만 공자에 있어서는 복례와 충서를 서로 구비하는 것이 인도 완성의 방법이라고 했다.

여기에서 문제되는 것은 공자 이후에 있었던 군자 양성의 교육이란 무엇이었던가 하는 점이다. 이것을 분명히 해주는 것이 바로 이 ≪논어≫다. ≪논어≫의 내용은 한마디로 말해서 '군자론(君子論)'이라고 해도 과언이 아니다. 이 '군자'란 중국에 있어서의 인격 가치의 의식을 표현하는 옛말이기는 하지만, 공자의 교설 중에서 이것은 가장 중요한 윤리적인 의미를 가진 것인 동시에, 오랫동안 유교의 있어서의 교육설이나 수양론(修養論)의 주안점이 되어 왔다.

공자는 춘추시대 말기 사람이었고, 농촌 출신의 민간 학자로서 이름을 세워 귀족 자제들까지도 그의 문하에 많이 모여서 군자에 대한 교육을 받았다. 그는 본래부터 평화주의·덕치주의를 주지로 했기 때문에 귀족의 자제들에 대해서도, 이들을 우수한 무인(武人)으로 양성해 내는 것보다는 우수한 위정자, 덕화력(德化力) 있는 지도자로 양성하고자 했다.

그러면서도 공자는 사(士)의 본질인 무인 성격의 장

점을 소중히 여겼다. 강직하고 굳셈·침착·과단 등의 여러 가지 덕을 군자는 갖추어야 한다고 주장해 왔다. 요컨대 공자가 이상으로 삼은 군자는 문덕(文德)을 갖춘 무인이요, 또는 무인 성격의 미점인 웅위하고 강직한 기성(氣性)을 갖춘 문인(文人)이었다고 말할 수 있다.

學 而 篇

學而 1

공자께서 말씀하셨다.

"배우고 때로 익히면 또한 기쁘지 아니하랴. 벗이 있어 먼곳에서 찾아오니 또한 즐겁지 아니한가. 남이 알아주지 않아도 마음에 두지 않으니 또한 군자가 아닌가."

原文

子曰 '學而時習之　不亦說乎　有朋自遠方來　不亦樂乎 人不知而不慍　不亦君子乎'

學而 3

공자께서 말씀하셨다.

"교묘한 말솜씨와 곱게 꾸민 얼굴에, 인이 있기 어려우니라."

原文

子曰 '巧言令色鮮矣仁'

學而 4

증자가 말했다.

"난 날마다 세 가지를 반성한다. 남을 위해 일함에 불충하지 않았는가. 친구와 서로 사귀며 신의가 있었던가. 남에게 가르치기만 하고 익히는 것에 게을리하지 않았는가."

原文

曾子曰 '吾日三省吾身 爲人謀而不忠乎 與朋友交而不信乎 傳不習乎'

學而 6

공자께서 말씀하셨다.

"학생은 집에 들면 어버이께 효도하고, 집 밖에 나가면 윗사람을 공경하고, 몸을 삼가고 믿음성 있으며, 널리 대중을 사랑하여 어진 이와 친하며, 그러하고도 남으면 글을 배울 것이다."

原文

子曰 '弟子入則孝 出則弟 謹而信 汎愛衆而親仁 有餘力則以學文'

學而 15

자공이 말했다.

"가난해도 아첨하지 않고, 부자로서 교만하지 않으면 어떤가요?"

공자께서 말씀하셨다.

"옳은 일이다. 그러나 가난함을 낙으로 알며, 부자로서 예를 좋아하는 것보다는 못하리라."

자공이 말했다.

"≪시경≫에 이르되 자르고 갈고 쪼고 닦는 것과 같다는 것은 이를 말함인가요?"

공자께서 말씀하셨다.

"고마운 일이네. 비로소 더불어 시를 논할 만하구나. 기왕 있던 일을 말하니 그 다음까지 아는군."

原文

子貢曰 '貧而無諂 富而無驕 何如'

子曰 '可也 未若貧而樂 富而好禮者也'

子貢曰 '詩云 如切如磋如琢如磨 其斯之謂與'

子曰 '賜也 始可與言詩已矣 告諸往而如來者'

學而 16

공자께서 말씀하셨다.

"남이 나를 알아주지 않음을 근심하지 말고, 내가 남을 알아볼 만한 슬기 없음을 근심하라."

[原文]

子曰 '不患人之不己知 患不知人也'

爲 政 篇

爲政 1

공자께서 말씀하셨다.

"정치할 때 덕을 근본으로 삼는다면 북극성이 북극에 자리잡고, 모든 별이 주위를 돌아 이를 향하는 것과 같다."

原文

子曰 '爲政以德 譬如北辰 居其所 而衆星共之'

爲政 2

공자께서 말씀하셨다.

"시경 3백 편은 한마디로 마음에 사악함이 없다는 그것이다."

原文

子曰 '詩三百 一言蔽之 曰思無邪'

爲政 3

공자께서 말씀하셨다.

"법령으로 기강을 삼고, 형벌로써 다스린다면 백성은 법망을 뚫고 형을 피함을 부끄러워하지 않는다. 덕으로써 인도하고 예로써 다스리면 백성은 부끄러움을 알며, 정의를 찾게 된다."

原文

子曰 '道之以政 齊之以刑 民免而無恥 道之以德 齊之以禮 有恥且格'

爲政 4

공자께서 말씀하셨다.

"나는 열다섯에 학문에 뜻을 두었고, 서른에 기초를 완성하였으며, 마흔에 불혹하고, 쉰에 천명을 알았으며, 예순에 이순하고, 일흔에 하고 싶은 바를 좇되 법도를 넘지 않았다."

原文

子曰 '吾十有五而志于學 三十而立 四十而不惑 五十而知天命 六十而耳順 七十而從心所欲不踰矩'

爲政 10

공자께서 말씀하셨다.

"사람을 관찰하되, 먼저 그 행함을 보고, 다음으로는 그 행동의 동기를 보며, 다음에 행동의 목적을 살피면 그 사람됨을 알 것이니, 어찌 속일 수 있겠는가."

原文

子曰 '視其所以 觀其所由 察其所安 人焉廋哉 人焉廋哉'

爲政 11

공자께서 말씀하셨다.

"옛것을 되새겨 미루어 새것을 알면 가히 남의 스승이 될 만하다."

原文

子曰 '溫故而知新 可以爲師矣'

爲政 12

공자께서 말씀하셨다.

"군자는 한 가지 구실밖에 못하는 그릇 같은 존재가 아니다."

子曰 ‘君子不器’

爲政 24

공자께서 말씀하셨다.

"선조의 혼백이 아닌 것을 제사지내는 것은 아첨이요,
옳은 일을 보고도 행동하지 아니하면 용기 없음이다."

子曰 ‘非其鬼而祭之詔也 見義不爲無勇也’

八佾篇

八佾 1

공자께서 계씨를 평하셨다.

"8일을 조정에서 춤추게 하니, 이를 참는다면 무슨 일인들 못 참으랴."

原文

孔子謂季氏 '八佾舞於庭 是可忍也 孰不可忍也'

八佾 3

공자께서 말씀하셨다.

"사람으로서 어질지 아니하면 예가 있은들 무엇하며, 사람으로서 어질지 아니하면 음악이 무슨 소용있겠는가."

原文

子曰 '人而不仁如禮何 人而不仁如樂何'

八佾 11

어떤 사람이 제(禘)의 설명을 요구했다.

공자께서 말씀하시기를,

"알지 못합니다. 이것을 아는 사람은 손바닥을 들여다보듯 환히 천하를 알고 다스릴 것입니다."

하고는 손바닥을 가리켰다.

原文

或問禘之說 子曰 '不知也 知其說者之於天下也 其如示諸斯乎' 指其掌

八佾 26

공자께서 말씀하셨다.

"위에 있으면서 너그럽지 못하고, 예를 행하되 공손함이 없으며, 상사에 임하여 슬퍼함이 없다면 보잘것없는 사람이다."

原文

子曰 '居上不寬 爲禮不敬 臨喪不哀 吾何以觀之哉'

里仁篇

里仁 1

공자께서 말씀하셨다.

"마을 풍속이 인(仁)을 아름답게 여기니, 어진 곳을 가려 살지 않는다면 어찌 지혜있다고 하겠는가."

原文

子曰 '里仁爲美 擇不處仁 焉得知'

里仁 3

공자께서 말씀하셨다.

"오직 어진 이만이 사람을 좋아할 수 있고, 사람을 미워할 수 있다."

原文

子曰 '惟仁者 能好人 能惡人'

里仁 7

공자께서 말씀하셨다.

"사람의 허물이 각기 친히 지내는 사이에서 일어나
니, 허물을 거울삼아 곧 인을 알게 된다."

原文

子曰 '人之過也 各於其黨 觀過斯知仁矣'

里仁 8

공자께서 말씀하셨다.

"아침에 도를 깨달으면 저녁에 죽어도 좋다."

原文

子曰 '朝聞道夕死可矣'

里仁 12

공자께서 말씀하셨다.

"이익을 위해서 행동하면 원망이 많으니라."

原文

子曰 '放於利而行多怨'

里仁 16

공자께서 말씀하셨다.
"군자는 의를 표준으로 이해하고, 소인은 이를 표준으로 이해한다."

原文

子曰 '君子喩於義 小人喩於利'

里仁 23

공자께서 말씀하셨다.
"언행을 신중히 삼가하면 실수하는 사람은 적으니라."

原文

子曰 '以約失之者鮮矣'

里仁 25

공자께서 말씀하셨다.
"덕은 외롭지 않으니 반드시 이웃이 있다."

原文

子曰 '德不孤必有隣'

里仁 26

자유가 말했다.

"임금을 섬김에 충성이 지나치면 미움을 사며, 친구
와 사귈 때 우정이 지나치면 멀어진다."

原文

子游曰 '事君數斯辱矣 朋友數斯疏矣'

公冶長篇

公冶長 1

공자께서 공야장을 평하여,

"사윗감이다. 한때 비록 옥살이를 하였으나 그의 죄
는 아니다."

하여, 딸을 시집보냈다.

공자께서 남용을 평하시어,

"나라에 도가 있으면 벼슬할 것이요, 도가 없어도 형
벌을 면할 만하다."

하시고는 형의 딸을 시집보냈다.

原文

子謂公冶長 '可妻也 雖在縲絏之中 非其罪也' 以其子
妻之 子謂南容 '邦有道 不廢 邦無道免於刑戮' 以其兄之
子 妻之

公冶長 3

자공이 물었다.

"저는 어느 정도의 인물일까요?"

공자께서 말씀하셨다.

"너는 그릇이지."

"어떤 그릇입니까?"

하고 자공이 물으니 공자께서 말씀하시기를,

"호련(瑚璉)이니라."

하시었다.

原文

子貢問曰 '賜也何如' 子曰 '女器也' 曰 '何器也' 曰 '瑚璉也'

公冶長 12

자공이 말했다.

"선생님의 학문은 누구나 들었으나, 선생님의 말씀에서 성(性)과 천도(天道)는 들을 수 없었다."

原文

子貢曰 '夫子之文章可得而聞也 夫子之言性與天不可得而聞也'

公冶長 16

공자께서 말씀하셨다.

"안평중은 남과 사귀기를 좋아했는데, 친교가 오래되

어도 여전히 사람들이 그를 존경하였다."

原文

子曰 '晏平仲善與人交 久而敬之'

公冶長 26

공자께서 말씀하셨다.

"한심하도다! 내 능히 허물을 깨닫고도 스스로 책하는 사람을 보지 못했노라."

原文

子曰 '已矣乎 吾未見能見其過而內自訟者也'

雍也篇

雍也 1

공자께서 말씀하셨다.

"옹은 남면(南面)하여 백성을 돌볼 만하다."

중궁이 자상백자는 어떠냐고 물으니 공자께서 말씀하시기를,

"번잡스럽지 않으며 소탈하다."

하시니 중궁이 다시 말하기를,

"안으로 경건하며, 밖으로는 너그럽게 백성을 다스림이 또한 옳지 않습니까. 만일 스스로 너그러움을 자처하고 밖으로도 대범한다면 너무 소탈한 것이 되지 않겠습니까?"

하니, 공자께서 말씀하셨다.

"옹의 말이 옳다."

原文

子曰 '雍也可使南面' 仲弓問子桑伯子 子曰 '可也簡' 仲弓曰 '居敬而行簡以臨其民不亦可乎 居簡而行簡無乃大簡乎' 子曰 '雍之言然'

雍也 5

공자께서 말씀하셨다.

"회는 마음으로 석 달 동안 인을 어기지 않으나, 그 나머지는 하루나 한 달 동안 인에 있을 따름이다."

原文

子曰 '回也其心三月不違仁 其餘則日月至焉而已矣'

雍也 10

염구가 말하기를,

"선생님의 도가 즐겁지 않은 것은 아니나 역부족입니다."

하니 공자께서 말씀하셨다.

"역부족인 자는 중도에서 그만둔다지만, 이제 너는 스스로 한계를 그었구나."

原文

冉求曰 '非不說子之道 力不足也' 子曰 '力不足者中道而廢 今女畵'

雍也 15

공자께서 말씀하셨다.

"누구든지 문을 통하지 않고 밖으로 나갈 수가 없는 것처럼 사람이란 도를 밟지 않고 나갈 수 없다."

原文

子曰 '誰能出不由戶 何莫由斯道也'

雍也 17

공자께서 말씀하셨다.

"사람의 태어남은 원래 정직한 것이다. 정직하지 않게 산 사람은 다행히 벌을 면한 것뿐이다."

原文

子曰 '人之生也直 罔之生也幸而免'

雍也 21

공자께서 말씀하셨다.

"지자는 물을 좋아하고, 인자는 산을 좋아한다. 지자는 움직이고, 인자는 조용하다. 지자는 즐겁게 살고, 인자는 오래 산다."

原文

子曰 '知者樂水 仁者樂山 知者動 仁者靜 知者樂 仁者壽'

述 而 篇

述而 1

공자께서 말씀하셨다.

"나는 고인의 도를 서술할 뿐 창작은 안하니, 옛을 좋아함은 저 노팽에게 비할 수 있다."

原文

子曰 '述而不作 信而好古 竊比於我老彭'

述而 4

공자께서 한가하게 집에 계실 때의 모습은 태평하여 구김이 없고, 희희낙락하여 평화로웠다.

原文

子之燕居 申申如也 夭夭如也

述而 7

공자께서 말씀하셨다.

"속수의 예 이상을 행한 사람이면 나는 누구든지 가르치지 않은 일이 없다."

原文

子曰 '自行束脩以上 吾未嘗無誨焉'

述而 12

공자께서 삼가시는 것은 재계·전쟁·질병이었다.

原文

子之所愼 齊戰疾

述而 16

공자께서 말씀하셨다.

"내가 몇 년을 더 살아 50에 주역을 익히게 된다면 큰 허물 없이 생을 마칠 것이다."

述而 20

공자께서는 괴(怪)·력(力)·난(亂)·귀(鬼)를 말하지 않았다.

原文

子不語怪力亂鬼

述而 21

공자께서 말씀하셨다.
"세 사람이 길을 가면 거기에는 반드시 내 스승될 만한 사람이 있다. 그들의 착한 것은 골라서 좇을 것이요, 착하지 못한 점은 스스로 살펴 고친다."

原文

子曰 '三人行 必有我師焉 擇其善者而從之 其不善者而政之'

述而 26

공자께서는 낚시로 고기를 잡지만 그물질을 하지 않았으며, 나는 새는 쏘나 자는 새는 쏘지 않았다.

原文

子釣而不網 弋不射宿

述而 35

공자께서 말씀하셨다.

"사치하면 불손해지고, 검소하면 비천해진다. 불손한 것보다는 차라리 비천한 것이 낫다."

原文

子曰 '奢則不孫 儉則固 與其不孫也 寧固'

述而 36

공자께서 말씀하셨다.

"군자의 마음은 넓고 평정하며, 소인의 마음은 늘 근심에 차서 초조하다."

原文

子曰 '君子坦蕩蕩 小人長戚戚'

泰伯篇

泰伯 1

공자께서 말씀하셨다.

"태백이야말로 지덕의 사람이니, 세 번 천하를 사양함에 백성으로 그 덕을 거들어 말하는 사람이 있던가."

原文

子曰 '泰伯其可謂至德世已矣 三以天下讓民無德而稱焉'

泰伯 2

공자께서 말씀하셨다.

"정중함은 예가 없으면 고통이 되고, 신중함은 예가 없으면 비겁해지며, 용기도 예가 없으면 난폭해지고, 정직함도 예가 없으면 잔혹해진다."

原文

子曰 '恭而無禮則勞 愼而無禮則葸 勇而無禮則亂 直而無禮則絞'

泰伯 10

공자께서 말씀하셨다.

"백성으로 하여금 바른 이치를 따라 행하게 할 수는 있으나, 이치를 모두 이해시킬 수는 없다."

原文

子曰 '民可使由之 不可使知之'

泰伯 12

공자께서 말씀하셨다.

"비록 주공과 같은 재주와 기예의 아름다움이 있다 할지라도 교만하고 인색하면 그 나머지는 보잘것없다."

原文

子曰 '如有周公之才之美 使驕且吝 其餘不足觀也已'

泰伯 19

공자께서 말씀하시길,

"학문이란 하면 할수록 머물러 뜻한 바를 잃을까 두려워진다."

原文

子曰 '學如不及猶恐失之'

子罕篇

子罕 1

공자께서는 이와 명과 인에 관하여 드물게 말씀하셨다.

原文

子罕言利與命與仁

子罕 4

공자께서는 네 가지를 끊었다. 억측하지 않고, 집착하지 않으며, 고루하지 않고, 고집하지 않았다.

原文

子絶四毋意毋必毋固毋我

子罕 7

공자께서 말씀하셨다.

"내가 아는 것이 있겠는가. 아는 것이 없다. 비부가

찾아와 내게 물으니, 그 하는 말이 어리석어도 곰곰이
풀어 성의를 다할 뿐이다."

原文

子曰 '吾有知乎哉 無知也 有鄙夫問於我空空如也 我叩
其兩端而竭焉'

子罕 10

안연이 슬퍼 탄식하며 말했다.

"우러러보면 더욱 높고, 뚫으니 더욱 굳으며, 보면 앞
에 있더니 홀연 뒤에 있다. 선생님은 차근차근 사람을
이끌어 가르치시되, 나를 배움으로 넓히고 예로써 다듬
으시니, 중도에서 돌아서고자 하여도 끌려 따라가게 되
고, 또한 능력을 다하여 따라도 선생님은 먼곳에 높이
계시니, 아무리 하여도 따라갈 수가 없구나!"

原文

顔淵喟然歎曰 '仰之彌高 鑽之彌堅 瞻之在前忽焉在後
夫子循循然善誘人 博我以文 約我以禮 欲罷不能旣竭吾才
如有所立卓爾 雖欲從之未由也已'

子罕 16

공자께서 강변에서 탄식하였다.
"가는 자가 이와 같을까? 주야로 흘러 쉬임이 없구나!"

原文

子在川上曰 '逝者如斯夫 不舍晝夜'

子罕 17

공자께서 말씀하셨다.
"덕을 좋아함을 색을 좋아함과 같이하는 자를 아직 보지 못했다."

原文

子曰 '吾未見好德如好色者也'

子罕 25

공자께서 말씀하셨다.
"삼군의 우두머리는 꺾을 수 있으나 필부의 지기(志氣)를 빼앗을 수는 없다."

原文

子曰 '三軍可奪帥也 匹夫不可志也'

子罕 27

공자께서 말씀하셨다.

"엄동설한이 되어야 소나무와 전나무의 절개를 알 수
있다."

原文

子曰 '歲寒然後知松栢之後彫也'

子罕 29

공자께서 말씀하셨다.

"함께 배워도 같은 도에 나가지 못할 것이고, 함께 도
에 나갈지라도 같이 입신하지 못하며, 함께 입신할 수
있다 할지라도 더불어 권하지 못한다."

原文

子曰 '可與共學未可與適道 可與適道未可與立 可與立
未可與權'

鄕黨篇

鄕黨 1

공자께서 향리에 계실 적에는 공손한 모양이 마치 구변이 없는 사람 같더니, 종묘나 조정에 나아감에 변론이 명백 정연하고 말씨는 신중하셨다.

原文

孔子於鄕黨恂恂如也以不能言者　其在宗廟朝庭便便言唯謹爾

鄕黨 3

공자께서는 군주의 부름을 받아 빈객의 접대를 명 받으시면, 행색은 긴장하고 걸음은 조심스러웠으며, 함께 선 손님과 나란히 읍하는데, 손은 좌우로 움직이나 옷깃은 가지런하였다. 빨리 걸어나감에 옷이 날개 편 듯하며, 손님이 물러간 뒤에는 반드시 복명하여, '손님은 돌아보지 않고 잘 갔습니다.' 하고 말씀하셨다.

原文

君召使擯色勃如也　足躩如也　揖所與立左右手衣前後襜
襜如也　趨進翼如也　賓退必復命曰 '賓不顧矣'

鄕黨 8

밥은 정결한 것을 좋아하였고, 회(膾)는 잘게 썬 것을 좋아하였으며, 밥이 쉬어 변한 것과 고기가 짓이겨져 살이 썩었으면 먹지 않았다. 빛깔이 나쁘면 먹지 않았고, 냄새가 나쁘면 먹지 않았으며, 알맞게 익지 않아도 먹지 않았다. 덜 익은 과일도 먹지 않았고 가지런히 자르지 않은 고기도 먹지 않았으며, 음식에 간과 양념이 맞지 않아도 먹지 않았다. 고기가 많더라도 과식하지 않았고, 술은 일정한 양이 없었으나 아무 때나 마시지 않았다. 시장에서 사온 술과 포를 먹지 않았고, 생강은 끼니마다 먹었으며, 과식을 삼가하였다. 종묘에서 내린 제육은 밤을 새우지 않고 먹었고, 제사에 쓴 고기는 사흘을 넘기지 않았으니, 사흘을 넘기면 먹지 않았다. 식사하기 전에 남과 이야기하지 않았고, 잠잘 때도 먼저 말하지 않았다. 비록 소찬이나 나물국이라도 제사지냈고, 반드시 재계하듯 하였다.

原文

食不厭精　膾不厭細　食饐而餲　魚餒而肉敗不食　色惡不

食 臭惡不食 失飪不食 不時不食 割不正不食 不得其醬不
食 肉雖多不使勝食氣 惟酒無量不及亂 沽酒市脯不食 不
撤薑食不多食 祭於公不宿肉 祭肉不出三日出三日不食不
矣 食不語 寢不言 雖疏食菜羹瓜祭必齊如也

鄕黨 16

잘 때 시체처럼 눕지 않았고, 집에 있을 때에는 위엄
을 갖추지 않았으며, 상복을 입은 사람을 보면 비록 허
물없는 사이라도 얼굴색을 고치고 조의를 표했다. 벼슬
한 자와 장님을 보면 자주 만나도 반드시 예의를 갖추
었고, 상복 입은 사람에게는 수레 위에서도 절했다. 호
적부를 가진 사람에게도 몸을 굽혔다. 요리상이 훌륭하
면 반드시 일어나 후사했고, 바람이나 번개가 심할 때
에는 반드시 위의(威儀)를 바로 했다.

原文

寢不尸 居不客 見齊衰者雖狎必變 見冕者與瞽者雖褻
必以貌 凶服者式之式負版者 有盛饌必變色以作 迅雷風烈
必變

先 進 篇

先進 1

공자께서 말씀하셨다.

"선진의 예악은 꾸밈이 없어 야인답고, 후진의 예악은 꾸밈이 있어 군자답다. 내가 만일 예악을 한다면 선진을 따르겠다."

原文

子曰 '先進於禮樂野人也 後進於禮樂君子也 如用之則吾從先進'

先進 3

공자께서 말씀하셨다.

"회는 나를 돕는 자가 아니다. 내 말에 기뻐하지 않을 때가 없다."

原文

子曰 '回也非助我者也 於吾言無所不說'

先進 11

계로가 귀신 섬기는 일을 물었다. 공자께서 말씀하시기를,

"사람도 능히 섬기지 못하면서 어찌 귀신을 섬기겠느냐?"

"삼가 죽음을 묻겠습니다."

"사는 것도 모르거늘 어찌 죽음을 알겠느냐."
하고 대답하셨다.

原文

季路問事鬼神 子曰 '未能事人焉能事鬼' 敢問死 曰 '未知生焉知死

先進 15

자공이 물었다.

"사와 적 중 누가 더 현명합니까?"

공자께서 말씀하셨다.

"사는 재주가 지나치고, 적은 모자라서 미치지 못하는 바가 있다."

다시 물었다.

"그럼 사가 나은가요?"

공자께서 말씀하셨다.

"지나친 것과 모자라는 것은 마찬가지다."

原文

子貢問 '師與商也孰賢' 子曰 '師也過 商也不及' 曰 '然
則師愈與' 子曰 '過猶不及'

先進 21

자로가 물었다.
"옳은 말을 들으면 곧 행해야 합니까?"
공자께서 말씀하셨다.
"아비와 형이 살아 계시니, 어찌 여쭙지 않고 들은 대
로 곧 행하겠느냐."
염유가 물었다.
"옳은 말을 들으면 곧 행해야 합니까?"
공자께서 말씀하셨다.
"들은 대로 곧 행하라."
공서화가 여쭈었다.
"유가 묻기를 옳은 말을 들으면 곧 행해야 합니까 하
였는데, 선생님께서는 그 아비와 형이 아직 살아 계시
다 하셨고, 구가 옳은 말을 들으면 곧 행해야 합니까
하였는데 선생님께서는 들은 대로 곧 행하라 하셨으니,
적이 당혹하여 여쭙습니다."
공자께서 말씀하셨다.

"구는 주저하니 나아가게 한 것이고, 유는 행함이 지나쳐서 물러나게 한 것이다."

原文

子路問 '聞斯行諸' 子曰 '有父兄在如之何其聞斯行之'
冉冉有問 '聞斯行諸' 子曰 '聞斯行之' 公西華曰 '由也問聞
斯行諸 子曰有父兄在 求也問聞斯行諸 子曰聞斯行之 赤
也惑敢問' 子曰 '求也退故進之 由也兼人故退也'

顔 淵 篇

顔淵 1

안연이 인을 묻자 공자께서 말씀하시기를,

"자기를 이겨 예를 행하는 것이 인이다. 하루라도 자기를 이겨 예를 행하면 천하가 인으로 돌아올 것이니, 인이란 자기에게서 비롯되지 남에게서 비롯되지 않는다."

하시자 안연이 말했다.

"그 조목을 여쭙겠습니다."

공자께서 말씀하셨다.

"예가 아니면 보지 말고, 예가 아니면 듣지 말며, 예가 아니면 말하지 말고, 예가 아니거든 움직이지 마라."

안연이 말했다.

"회가 비록 불민하오나, 이 말씀을 받들어 행하겠습니다."

原文

顔淵問仁 子曰 '克己復禮爲仁 一日克己復禮天下歸仁焉 爲仁由己而由人乎哉' 顔淵曰 '請問其目' 子曰 '非禮勿視非禮勿聽非禮勿言非禮勿動' 顔淵曰 '回雖不敏請事斯語矣'

顔淵 4

사마우가 군자됨을 물었다.

공자께서 말씀하시기를,

"군자는 근심하지 않고 두려워하지 않는다."

"근심하고 두려워하지 않으면 군자라 할 수 있습니까?"

"스스로 살펴 부끄러움이 없다면, 무엇을 근심하며 무엇을 두려워하겠느냐."

原文

司馬牛問君子　子曰'君子不憂不懼'曰'不憂不懼斯謂之君子矣乎'子曰'內省不疚夫何憂何懼

顔淵 11

제나라 경공이 공자에게 정사를 묻자, 공자께서 대답하셨다.

"임금은 임금답고, 신하는 신하로서, 아비는 아비로서, 아들은 아들로서 도리를 다하는 것입니다."

경공이 말했다.

"옳다, 진실로 임금이 임금 노릇을 못하고, 신하가 신하로서, 아비가 아비로서, 아들이 아들로서 분수를 다하지 못한다면 비록 녹이 많은들 어찌 그것을 먹을 수 있겠는가."

原文

齊景公問政於孔子 孔子對曰 '君君臣臣父父子子' 公曰 '善哉 信如君不君臣不臣父不父子不子 雖有粟吾得而食諸'

顔淵 23

자공이 우정에 대하여 묻자, 공자께서 말씀하셨다.

"충고하여 벗을 선도하는데 만일 듣지 않으면 곧 중지하여 스스로 욕됨이 없게 하라."

原文

子貢問友 子曰 '忠告而善導之 不可則止毋自辱焉'

子 路 篇

子路 1

자로가 정사를 물으니 공자께서 말씀하시기를,
　"솔선 행하며, 백성의 수고를 위로하라."
하시니 자로가 더 말씀을 청하자,
　"그 위에 게으름이 없게 하라."
하셨다.

原文

子路問政 子曰先之勞之 請益 曰無倦

子路 6

공자께서 말씀하셨다.
　"윗사람의 몸가짐이 바르면 명령하지 않아도 백성은 행하고, 그 몸이 바르지 않으면 비록 호령하여도 따르지 않는다."

原文

子曰 '其身正不令而行 其身不正雖令不從'

子路 26

공자께서 말씀하셨다.

"군자는 태연하여도 교만하지 않으며, 소인은 교만할
뿐 태연하지 못하다."

原文

子曰 '君子泰而不驕 小人驕而不泰'

憲 問 篇

憲問 1

헌이 수치를 묻자, 공자께서 말씀하셨다.
"국가에 도가 있으면 녹을 먹지만, 국가에 도가 없는
데도 녹을 먹으면 수치다."

原文

憲問恥 子曰 '邦有道穀 邦無道穀恥也'

憲問 11

공자께서 말씀하셨다.
"가난하면서 불평이 없기는 어렵지만, 부유하면서 교
만이 없기는 쉽다."

原文

子曰 '貧而無怨難 富而無驕易'

憲問 29

공자께서 말씀하셨다.

"군자는 말이 행동보다 지나침을 부끄러워한다."

原文

子曰 '君子恥其言而過其行'

憲問 36

한 사람이 여쭈었다.

"덕으로써 원수를 대함이 어떠합니까?"

공자께서 말씀하셨다.

"그러면 덕에는 무엇으로 대하겠느냐. 원수에게는 정의로써 대하며, 덕에는 덕으로써 갚아야 한다."

原文

或曰以德報怨何如 子曰 '何以報德 以直報怨 以德報德'

衛靈公篇

衛靈公 1

위나라 영공이 공자에게 진법을 묻자 공자께서 대답하시기를,

"예기와 제례의 일은 들은 적이 있으나 군대는 알지 못합니다."

하시고는 다음날 떠나셨다.

진에 계실 적에는 봉변하여 양식이 떨어지고, 수행하는 사람이 병이 들어 움직일 수 없었다. 자로가 참지 못해 물었다.

"군자도 곤궁할 때가 있습니까?"

"군자도 곤궁할 때가 있지. 그러나 소인과는 다른 점이 소인은 궁하면 그른 짓을 범한다."

하고 공자께서 답하셨다.

原文

衛靈公問陳於孔子 孔子對曰 '俎豆之事則嘗聞之矣 軍旅之事未之學也' 明日遂行 在陳絶糧 從者病莫能興 子路慍見曰君子亦有窮乎 子曰 '君子固窮 小人窮斯濫矣'

衛靈公 2

공자께서 말씀하시기를,

"사야, 너는 내가 많이 배우고 기억하여 모든 도리를 안다고 생각하느냐?"

하시니 자공이

"그렇습니다. 잘못입니까?"

하니, 공자께서는,

"아니다. 나는 하나의 도리로써 일관한 것뿐이다"

하셨다.

原文

子曰 '賜也 女以予 爲多學而識之者與' 對曰然 '非與' 曰 '非也 予 一以貫之'

衛靈公 11

공자께서 말씀하셨다.

"사람이 먼 일을 생각지 않으면 반드시 눈앞에 우환이 생긴다."

原文

子曰 '人無遠慮必有近憂'

衛靈公 15

공자께서 말씀하셨다.
"어찌할까 어찌할까 하고 깊이 생각하지 않는 사람은
나도 어찌할 수 없다."

原文

子曰 '不曰如之何如之何者 吾未如之何也已矣'

衛靈公 29

공자께서 말씀하셨다.
"허물을 고치지 않는 것이 바로 허물이다."

原文

子曰 '過而不改是謂過矣'

季氏篇

季氏 4

공자께서 말씀하셨다.

"도움되는 벗이 셋, 해로운 벗이 셋 있다. 정직한 벗, 성실한 벗, 박학한 벗은 도움이 되며 편벽된 벗, 표리가 같지 않은 벗, 말만 앞세우는 벗은 해롭다."

原文

孔子曰 '益者三友損者三友 友直友諒友多聞益矣 友便辟友善柔友便佞損矣'

季氏 9

공자께서 말씀하셨다.

"저절로 도리를 아는 자는 상이고, 배워서 아는 자는 그 다음, 곤란을 당한 뒤에 배우는 사람은 그 다음이다. 모르면서 배우지 않는 사람은 어리석은 백성이라 하가 된다."

原文

孔子曰 ‘生而知之者上也 學而知之者次也 困而學之者
又其次也 困而不學民斯爲下矣’

陽貨篇

陽貨 3

공자께서 말씀하셨다.

"가장 지혜로운 이와 가장 어리석은 사람은 변하지 않는다."

原文

子曰 '唯上知與下愚不移'

陽貨 8

공자께서 물으셨다.

"유야, 너는 육언(六言) 육폐(六蔽)를 들었느냐?"

자로가 대답하였다.

"듣지 못하였습니다."

"앉아라. 내가 너에게 말하겠다. 인을 좋아하되 배우지 않으면 그 폐단은 어리석음이요, 슬기로움을 좋아하되 배우지 않으면 그 폐단은 무절제이다. 신을 좋아하되 배우지 않으면 그 폐단은 사람을 해롭게 함이요, 정직을 좋아하되 배우지 않으면 그 폐단은 잔혹해진다는 것이다. 용기를 좋아하되 배움이 없으면 그 폐단은 난폭이요, 굳셈을 좋아하되 배움이 없으면 그 폐단은 미치게 되는 것이다."

原文

子曰 '由也女聞六言六蔽矣乎' 對曰 '未也' '居吾語女 好仁不好學其蔽也愚 好知不好學其蔽也蕩 好信不好學其蔽也賊 好直不好學其蔽也絞 好勇不好學其蔽也亂 好剛不好學其蔽也狂'

陽貨 25

공자께서 말씀하셨다.
"오직 여자와 소인은 다루기 어려워서, 가까이하면 버릇없어지고, 멀리하면 원망한다."

原文

子曰 '唯女子與小人爲難養也 近之則不孫遠之則怨'

微子篇

微子 6

　　장저와 걸익이 밭을 갈고 있었다. 공자께서 지나가다가 자로에게 시켜 그들에게 나루터 있는 곳을 묻게 하였더니 장저가 말하기를,

　　"수레를 타고 고삐를 잡은 자가 누군가?"

해서 자로가 대답했다.

　　"공구이시오."

　　"노나라의 공구인가?"

　　"그렇소."

　　"그렇다면 나루터 있는 곳을 모를 리 없는데."

　　자로가 걸익에게 물으니 걸익이 도리어 물었다.

　　"자네는 누군가?"

　　"유입니다."

　　"바로 노나라 공구의 무리인가?"

　　"그렇소."

　　"천하가 무도하여 도도히 흐르는 물과 같이 걷잡을 수 없는데, 도대체 누구와 함께 세상을 바로잡을 것인가? 그리고 그대는 불의를 피하여 방황하는 사람을 따르기보다는 속세를 피하는 사람을 좇는 것만 못하오."

　걸익이 이렇게 말하면서 씨뿌리고 흙덮는 일을 계속
했다.

　자로가 돌아가 고하니 선생님께서는 탄식하며 말씀하
셨다.

　"새와 짐승이 사람과 더불어 살지 못하니, 내가 사람
의 무리와 함께 살지 않고 누구와 살겠는가. 천하에 도
가 있으면 나는 고칠 생각을 하지 않을 것이다."

原文

　長沮桀溺耦而耕　孔子過之使子路問津焉　長沮曰夫執與
者爲誰　子路曰爲孔丘　曰是魯孔丘與　曰是也　曰是知津矣
問於桀溺　桀溺曰　子爲誰　曰爲仲由　曰是魯孔丘之徒與　對
曰然　曰滔滔者天下皆是也而誰以易之　且而與其從辟人之
士也豈若從辟世之士哉　耰而不輟　子路行以告　夫子憮然曰
'鳥獸不可與同羣吾非斯人之徒與而誰與　天下有道丘不與
易也'

子 張 篇

子張 8

자하가 말했다.
"소인은 반드시 허물을 꾸며서 덮으려 한다."

原文

子夏曰 '小人之過也必文'

子張 24

숙손무숙이 공자를 헐뜯으므로 자공이 말했다.
"무슨 소리요. 중니를 헐뜯지 마시오. 다른 현자를 언덕
이라 하면 넘을 수 있지만 중니는 해와 달 같아 넘을 수
없으니, 사람이 비록 스스로 끊으려 한들 어찌 해와 달을
다칠 수 있습니까? 스스로 좁은 푼수를 보일 뿐이오."

原文

叔孫武叔毀仲尼 子貢曰 '無以爲也 仲尼不可毀也 他人
之賢者丘陵也猶可踰也 仲尼日月也無得而踰焉 人雖然自
絶其何傷於日月乎 多見其不知量也'

堯曰篇

堯曰 2

자장이 공자에게 물었다.

"어떻게 정사를 하는 것이 옳습니까?"

공자께서 말씀하셨다.

"다섯 가지 아름다움을 높이고, 네 가지 악을 멀리하면 옳게 정사를 볼 것이다."

"무엇을 다섯 가지 아름다움이라 하나요?"

"군자는 은혜를 베풀되 낭비하지 아니하고, 백성을 수고롭게 하지만 원성을 사지 않으며, 하고자 원하되 욕심을 내지 않고, 편안하되 교만하지 않으며, 엄하되 사납지 아니함이다."

"은혜를 베풀되 낭비하지 않는다는 것은 무슨 뜻입니까?"

"백성의 이익을 따라 이롭게 하는 것이 은혜를 베풀되 낭비하지 않는 것이 되지 않겠느냐? 수고하게 할 만한 일로 수고하게 하면 누가 원망하랴. 어진 것을 원하여 인을 얻으니, 어찌 욕심낸다 할 수 있겠는가. 군자는 많고 적고 크고 작음이 없이 태평하나 거만하지 않으니, 이 또한 편안하되 교만하지 않는 것이다. 군자는 의 관이나 모습이 엄연하지만 사람이 보고 두려워하는 마음이 없다면 이 또한 위엄이 있으나 사납지 않은 것이다."

"네 가지 악이란 무엇입니까?"

"가르쳐 보지 않고 죽이는 것은 학살이요, 시켜 보지 않고 일이 되지 않은 것을 꾸짖는 것은 난폭이요, 분부를 게을리하고 기한을 재촉하는 것은 도적이요, 기왕 줄 상을 주는데 인색하면 유사(有司)라 한다."

原文

子張問於孔子曰 '何如斯可以從政矣' 子曰 '尊五美屏四惡 斯可以從政矣' 子張曰 '何謂五美' 子曰 '君子惠而不費勞而不怨 欲而不貪 泰而不驕 威而不猛' 子張曰 '何謂惠而不費' 子曰 '因民之所利而利之 斯不亦惠而不費乎 擇可勞而勞之又誰怨 欲仁而得仁又焉貪 君子無衆寡無小大無敢慢 斯不亦泰而不驕乎 君子正其衣冠尊其瞻視儼然人望而畏之 斯不亦威而不猛乎' 子張曰 '何謂四惡' 子曰 '不敎而殺謂之虐 不戒視成謂之暴 慢令致期謂之賊 猶之與人也出納之吝 謂之有司'

孟　子

1 緒 言

사서(四書)의 집주(集註)가 발간된 뒤로 《맹자》는 《논어》와 함께 유교 경전의 중요한 책이 되었다. 하지만 옛날에는 그다지 중요하게 취급되지 않았다.

《한서(漢書)》 위문지(魏文志)를 보면, 《논어》는 육예략(六藝略)에 실려 있고, 또 많은 주석서도 나와 있다. 그러나 《맹자》는 제자략(諸子略)에 겨우 그 이름이 보일 정도다.

또한 후한(後漢) 말년에 채옹(蔡邕)의 석경(石經)이 새겨졌을 때 《논어》는 이미 새겨졌지만, 《맹자》는 그 훨씬 뒤인 당나라 때 석경이 이루어졌을 때에도 역시 경전 속에 들어 있지 못했다. 당나라 육전(六典)에 의하면 《논어》는 당시 국자감의 교재로 뽑혔지만 《맹자》는 역시 그 속에 들어 있지 못했다. 이런 사실들은 《맹자》가 《논어》보다 중요시되지 못했다는 사실을 증명하는 것이다.

《맹자》의 중요성이 인정되기 시작한 것은 당나라 한퇴지(韓退之)가 문장의 묘함과 또 이단을 배척한 의기를 칭찬하면서부터 차츰 이 글을 배우려 하는 자가 늘어난 것이 그 시초다. 그 후 송나라에 들어와서 학계의 형세가 일변하여 〈사서〉가 표창을 받게 되면서부터 오늘과 같은 저명한 글이 된 것이다.

그리고 당의 말기에 이르러 이 ≪맹자≫를 과업(科業)에 쓰자는 주청이 있었으나 이것이 허락되지 못했고, 송나라에 들어와서 비로소 이것을 경으로 올려 국자감에서 출판했고, 드디어 신종 때 맹가(孟軻)를 공자에 배향시키면서 과거에도 이 ≪맹자≫를 과시시키게 되었다. 여기에서 이 ≪맹자≫의 지위가 올라서기 시작했는데 이것이 가장 많이 읽혀지게 된 것은 역시 주자의 집주가 나타나면서부터였다.

당나라 이전에 이루어진 ≪맹자≫의 주석서로는 후한 정증(程曾)의 맹자장구, 정현(鄭玄)의 맹자주, 조기(趙岐)의 맹자장구, 고유(高誘)의 맹자장구, 유희(劉熙)의 맹자주, 진(晉)나라의 기무수(綦毋邃)의 맹자주, 당나라 육선경(陸善經)의 맹자주, 장일(張鎰)과 정공저(丁公著)의 맹자음의(孟子音義) 등이 손꼽힌다. 하지만 이 중에서 현존하는 것으로는 겨우 조기의 맹자장구 일종 뿐이요, 다른 것들은 모두 전해지지 않는다.

송나라 이후로는 ≪맹자≫의 주석서가 점점 많아져서 오늘에 와서는 상당수에 이른다. 그러나 그 중에서 대표적인 것으로는 역시 주자의 집주로서, 조기의 장구를 고주(古注)라고 하는 한편, 주자의 집주를 신주(新注)라고 해서 다함께 중요하게 여겨지고 있다.

신주는 주자 자신의 철학을 가지고 ≪맹자≫를 설명했기 때문에 청신한 맛이 있지만, 그가 기초를 두고 해석한 것은 역시 조기본(趙岐本)이다. 그래서 문자의 훈고(訓詁)나 해석은 대개 조기를 답습하고 있다. 따라서 이 ≪맹자≫를 구명하자면 역시 조기의 장구에서부터 시작하지 않으면 안 된다.

2 맹자의 遊歷年表

≪사기(史記)≫ 〈맹가전(孟軻傳)〉에 의하면,

'맹가는 추나라 사람으로서 자사(子思)의 문인에게 배웠다.
도(道)가 이미 통해지자 제(齊)나라 선왕을 유세했으나 쓰이
지 않았다. 양(梁)으로 가서 혜왕을 만났지만 혜왕은 그의 말
을 들으려 하지 않았다. 이에 세상의 뜻을 끊고 물러가서 제자
만장 등과 시서(詩書)를 이어받아서 공자의 뜻을 서술하여
≪맹자≫ 7편을 지었다.'

했다. 그리고 ≪사기≫ 〈육국표(六國表)〉에 보면, 그
가 양나라에 갔을 때를 양의 혜왕 35년(BC 336)이라
고 했으니 제나라에 갔을 때는 이보다 몇 해 전이었을
것이다.

그러나 의문이 나는 것은, ≪맹자≫ 〈양혜왕 상편〉
(제5장)에 보면 혜왕은 맹자에 대해서,

'내 몸에 이르러서는 동쪽으로는 제나라에 패하여 장자가
죽었고, 서쪽으로는 진나라에게 땅 7백 리를 잃었고, 남쪽으
로는 초나라에 욕을 당했습니다. 과인은 이것을 부끄럽게 여
깁니다.'
(及寡人之身 東敗於齊 長子死焉 西喪地於秦七百里 南辱於

楚 寡人恥之)

했다. 그러나 이 말은 〈육국표〉에 의하면 양왕(襄王) 5
년에 하서(河西)의 땅 소량(小梁)을 진나라에 주었고,
7년에 상군(上郡)을 역시 진나라에 바친 일, 같은 양왕
12년에 초나라가 위나라 양릉(襄陵)을 친 것을 가리킨
말로서 이는 모두 혜왕이 죽은 뒤의 일이다. 따라서 양
왕이 즉위하기도 전에 혜왕이 이런 말을 했을 리는 없
다. 이것은 ≪맹자≫가 ≪사기≫와 일치되지 않는 것으
로서 ≪맹자≫의 기사가 뒷사람의 손으로 씌어진 것인
지, 아니면 ≪사기≫의 연표에 잘못이 있는 것인지 알
길이 없다.

그러나 이 ≪맹자≫ 7편이 제법 신뢰성 있는 책이고
보면 차라리 ≪사기≫편에 잘못이 있을 것이다.

대체로 ≪사기≫ 〈육국표〉는 서문에 따르면 진나라
때 육국의 기록이 모두 불태워져서 전해지지 않았기 때
문에 사마천이 이 연표를 만드느라고 무척이나 애를 썼
던 것이다. 그러니 자연 불완전한 진기(秦記)에 기초를
두고, 또 전국시대 때 종횡가들의 말을 참고로 해서 만
든 것일 수밖에 없다. 그래서 이것은 가끔 세가의 기록
과 모순점도 없지 않아 잘못이 없다고 단정할 수 없다.

西紀前	梁	齊	孟子
321	惠王 14	35	◇ 孟子見梁惠王(梁惠王上第1章)
320	15	36	◇ 梁惠王曰及寡人之身 西喪地於秦云云(梁惠王上第5章)
319	16	宣王 1	◇ 孟子見梁惠王曰 望之不似人君 乃之齊(梁惠王上第6章)
316	襄王 3	4	◇ 沈同以私問曰 燕可伐與(公孫丑下第8章)
314	5	6	◇ 齊人伐燕勝之(梁惠王下第10章)
312	7	8	◇ 孟子之宋 宋牼將之楚 遇於石丘 宋牼曰 秦楚搆兵 我將說而罷之(告子下第4章)
308	11	12	◇ 滕文公爲世子 過宋而見孟子(滕文公上第1章)
306	13	14	◇ 滕定公薨 然友至鄒 問葬事於孟子(滕文公上第2章)
304	15	16	◇ 孟子之滕 館上宮(盡心下第30章)
303	16	17	◇ 魯欲使樂正子爲政 孟子喜而不寐(告子下第13章)
301	18	19	◇ 魯平公將見孟子 嬖人藏倉沮之(梁惠王下第16章)

사마천이 죽은 뒤에 진(晉)나라 때에 이르러 급군(汲郡)의 부준(不準)이라는 사람이 급현(汲縣, 지금의 하남성 汲縣 서남쪽)에 있는 고총(古塚)을 파서 옛날의 기년을 발견할 일이 있다.

이 기년은 죽간(竹簡)에 씌어져 있었기 때문에 이것을 죽서기년(竹書記年)이라고 한다.

이 기년이 나온 것은 대체로 위나라 양왕의 무덤일 것이라고 전한다. 이 기년은 물론 현재 전해지지 않지만 두예(杜預)의 좌전후서(左傳後序)에 소개된 부분과

≪사기≫ 〈색은〉 속에 인용된 단편들에 의해서 그 내용의 일부가 추측된다.

이 기년을 ≪사기≫ 〈육국표〉와 비교해 보면 대체로 죽서기년의 편이 믿을 만하다. 여기에서 죽서기년의 일문(佚文)을 모아서 육국표를 정정하고, 여기에 다시 ≪맹자≫ 7편 중에 들어 있는 그의 사적들을 종합하면 대략 앞 페이지와 같은 연표를 만들 수가 있다. 따라서 이것에 의하여 맹자 유력의 전후를 소상히 알 수 있다.

3 맹자 7편

대체로 ≪맹자≫ 7편의 편명(篇名)은 ≪논어≫와 마찬가지로 편수(篇首)에 나오는 말에 따서 그 편의 이름으로 정한 것이다. 따라서 편명 그 자체에 특별한 뜻이 있는 것은 아니다.

≪사기≫의 〈맹순열전(孟荀列傳)〉에는 '≪맹자≫ 7편을 지었다'고 했으니 ≪사기≫를 쓸 때보다 이 책은 훨씬 먼저 이루어진 글임에 틀림없다.

이 ≪맹자≫ 7편을 여러 사람들의 의견을 종합해서 살펴보기로 한다.

우선 최초의 양혜왕편(梁惠王篇)은 맹자 1대의 유력의 기록이라도 할 수 있다. 여기에는 梁·齊·鄒·滕·魯의 유력의 사실이 수록되어 있다. 그리고 이러한 여러 나라 군주와의 문답들이 실로 생생한 문장으로 서술되어 있다. 이 글을 보면 당시 사정을 방불하게 보는 듯하고, 또한 조리있게 다듬어져 있다. 이것만으로도 이 글은 넉넉히 독립된 단행본으로 행세할 만하다.

다음으로 공손추편(公孫丑篇)은 아마도 공손추의 기록을 기본으로 하여 이루어졌을 것이다. 그것은 공손추의 고향인 제나라에 관한 기사가 많기 때문에 더욱 그렇게 추측된다.

만장편(萬章篇)도 역시 마찬가지로 그 문인 만장의 기록에 토대를 둔 것인 듯싶다. 등문공편(滕文公篇)도 등나라에 대한 기사가 많은 것으로 보아 어느 누군가의 한 특정인이 기록한 것에 토대를 두었을 것이다.

그밖의 이루(離婁)·고자(告子)·진심(盡心) 등 3편은 대체로 짤막짤막한 훈언(訓言)들을 모은 것이다. 특히 최후의 진심편은 양혜왕편과는 달리 비교적 정치에 대한 관심이 적은 은퇴 후의 말인 듯싶다. 여기에서는 주로 개인적인 수양에 관한 말들이 많이 수록되어 있기 때문이다.

이 7편은 물론 맹자 자신의 저술은 아니다. 하지만 적어도 맹자의 제자나 재전(再傳)의 제자들의 기록을 근거로 하여 편찬되었을 것이다. 그 어느것이나 현저하게 광채를 내뿜는 믿을 만한 자료의 집성이요, 맹자 그분의 풍모이다.

사마천의 ≪사기≫에는, '맹자는 물러가서 만장의 무리와 함께 시서를 공부하고, 공자의 뜻을 펴서 맹자 7편을 지었다.'고 하여 이 ≪맹자≫ 7편을 맹자 자신의 저술로 보고 있다. 사실 이 글은 옛날부터 그 자신의 저술로 인정되어 온 만큼 유려한 문체가 선진(先秦)의 저술로는 매우 훌륭한 문헌이다. 하지만 이 7편은 어느 한 사람의 손으로 이루어진 글이 아니고, 일종의 결집과 같은 형태로서 어떤 사람 손에 의해서 상당히 오래 전에 정리되어 이루어진 것이라고 생각된다.

梁惠王篇에 대해서

제나라 선왕과 맹자와의 문답이 양혜왕 상편에는 제1
장, 하편에는 11장, 도합 12장이나 있다. 이것을 분량
으로 보면 실로 전체의 3분의 2나 점령하고 있어 압도
적으로 많다. 그런데 이것이 편명으로 되지 못했던 것
은 상편의 제1장에 수록된 것이 없었기 때문이다.

어떻게 보면 ≪사기≫를 저술할 때에는 뒤편에 있었
다고 생각되는 양혜왕의 이국문답(利國問答)을 뒷사람
이 첫머리로 옮겼다고도 생각된다. 그러므로 ≪사기≫
를 쓸 때까지의 ≪맹자≫의 개권(開卷) 제1장은 당연히
양혜왕의 '이국문답'은 아니었고, 어쩌면 제선왕편(齊宣
王篇)이었을지도 모른다.

그것은 그런대로 미상한 채로 두기로 하자. 그러나
제선왕과의 교섭이 대체 왜 그렇게 많은 분량을 차지할
까? 거기에는 까닭이 있었을 것이다. 첫째, 맹자는 선
왕에게 상당한 기대를 가졌었고 둘째, 제는 강대한 나
라였다. 셋째, 그는 객경(客卿)으로 대접받아 제나라에
오래 체류했다. 넷째, 제나라 서울인 임치(臨淄)는 소
위 직하의 학자들이 모여들어서 백가쟁명(百家爭鳴)의
장관을 이루고 있었던 사상 학술의 중심지였다.

그러나 여기에 또 한 가지 문제가 있다. 그것은 제의
선왕과의 문답은 양혜왕편에 잘 정리 수록되어 있는데
예외로 공손추 하편·이루 하편·만장 하편 등에 각각
1장씩 산재해 나와 있는 것은 무슨 까닭일까?

우선 첫째로 공손추 하편 제4장은 제나라 평륙(平陸)의 대부 공거심(孔距心)이 자기의 책임을 뼈아프게 느끼고 있는 양리(良吏)라는 것을 칭찬하여 맹자는 왕의 책임을 물은 문답이 있다. 그러나 그 장 속에 나오는 세 번의 '왕'이란 자는 분명히 선왕을 가리켰음을 알 수 있다. 공손추편에는 제나라 관계의 기록이 많고, 또 공손추의 기록에 의한 것이라고 생각되나, 이 장은 제나라 가신 공거심과의 문답이 주를 이룬다. 다만 제왕(齊王)은 이것을 듣고, '此則寡人之罪也'라고 대답했을 뿐인 단 하나의 후일담에 불과하다. 그리하여 양혜왕편 등에 수록될 성질이 되지 못하기 때문에 다른 기록들과 함께 공손추편에 남겨진 것일 수도 있다.

다음으로 이루 하편 제3장은 악덕(惡德) 군주를 원수나 도둑처럼 본 과격한 주장들이다. 다음 제4·5장과 함께 군덕(君德)의 중요성을 역설한 것이기 때문에 이 글들은 같이 취급되어 한데 묶였을 것이다.

만장 하편 끝의 제9장은 군주의 폐립(廢立)을 시인하는 혁명 이론과 통하는 사상이다. 이것은 필시 만장의 기록일 것으로 생각된다. 왜 이 글을 여기에 넣었는지 편집자의 의도는 확실히 알 수 없지만 원래 만장이 기록한 글이 너무 많은 만장편이라서 그대로 여기에 남겨두어 편말을 장식한 것이라고 볼 수 있다.

滕文公에 대해서

등나라의 문공에 대해서는 등문공 상편 제1 · 2 · 3장에 기재되어 있고, 제4장에도 역시 그 내용으로 보면 문공에 관계가 깊다. 여기에 대해서 양혜왕 하편에는 맹자와 양혜왕과의 문답은 제13 · 14 · 15의 세 장, 즉 거의 반수를 차지하고 있다.

등문공편에 있는 세 장은 문공이 아직 태자로 있을 때 맹자와의 초대면과, 맹자의 말을 좇아서 아버지 정공(定公)의 상복을 입은 용단과, 그가 겨우 즉위해서 군주가 되자마자 정치에 대해서 맹자의 가르침을 청한 일 등이 그 내용이다. 결국 이것은 모두 문공 초기의 일들이다. 이와 반대로 문공이 마침내 소국인 등나라의 본격적인 군주가 되어, 강대한 제 · 초 두 나라의 틈에 끼여 그들의 압력에 대한 대책으로 전전긍긍하고 고민하던 모습이 절실히 그려져 있는 것이 바로 양혜왕편에 있는 세 장이다. 따라서 이 세 장은 말하자면 후기에 속하는 글들이다.

등나라 문공은 태자로 있을 때부터 맹자를 존경하고 따랐던 사람이다. 그러므로 그 깊은 관계나 친밀한 교섭 등에 대한 기록이 남아 있음은 당연하다. 또 현재 그런 기사들이 전해지고 있는 이상, 한 특정인이 이러한 일들을 기록했으리라고 충분히 짐작할 수 있다.

宋과 薛에 대해서

양혜왕편을 읽다가 조금 의아스러운 점이 있다. 그것은 송이나 설(薛)의 군주, 특히 송군(宋君)에 관한 기록이 없다는 사실이다. 말하자면 이 기록이 빠져 있다는 것이다. 노(魯)의 평공(平公)의 경우에는 문인인 악정자(樂正子)가 노나라 정경(正卿)이 되어 그의 주선으로 평공이 맹자를 방문하게 될 뻔했다. 그러나 방문 직전에 폐인(嬖人)의 간언 때문에 이것이 방해되었다. 이 이야기는 양혜왕 하편 끝 제16장에 기록되어 있으나 송군에 대해서는 전혀 수록되어 있지 않다.

맹자는 제에서 송으로 와서 잠시 살았던 것 같다. 등의 문공이 태자로 있을 때 송에 들러서 맹자와 만난 일은 등문공 상편 제1장에도 보인다. 또 유명한 비전논자 송경(宋牼)과 석구(石丘)에서 만나 문답한 일은 고자 하편 제4장에 나와 있다. 그러나 송경은 송나라 사람이므로 석구라는 곳도 필경 송나라 지명이요, 맹자가 송나라에 있을 때 일이었을 것으로 추측된다.

또 문인 만장이 송나라를 위해서 강대한 제·초 두 나라에 대한 대비책을 맹자에게 물은 사실이 등문공 하편 제5장에도 나와 있다. 그뿐만 아니라, 송나라에서 떠날 때에는 70일(鎰)이라는 여비를 전별금으로 주었다는 이야기가 공순추 하편 제3장에 기록되어 있다.

그 외에 등문공 하편 제5장에 보면, '송나라는 소국입니다. 이제 장차 왕도정치를 행하려 하여……'라고 문인 만장이 말한 것으로 보더라도 맹자가 송나라에 있었던 일은 확실하다. 그리고 송나라 군주와도 제법 교섭이 있었던 것으로 생각된다. 그런데 이러한 일들에 대해서는 아무런 구체적인 기록도 남아 있지 않다. 그러면 송군을 만나기는 했지만 별다른 일이 없었기 때문에 아무 기록이 없는 것일까? 그렇지 않으면 기록은 있었어도 편집자가 수록하지 않아서 양혜왕편에 들어 있지 않은 것일까? 이에 대해서는 우선 송나라에서는 다른 나라와 달라서 특기할 사건이 없었다고 해석해 두고 싶다.

설의 경우도 송과 마찬가지로 잠시 체재한 듯싶다. 설군(薛君)에게서 50일이란 전별금까지 받았다. 공손추 하편 제3장에 있는 이 기사는 맹자가 유력의 길을 떠나 제에서 송, 송에서 설로 온 것을 분명히 해준다. 그리고 전별의 융숭함도 제에서는 겸금[良銀] 1백, 송에선 70, 설에서는 50으로 나라의 대소에 비례하고 있다. 하지만 제나라와는 비교도 되지 않는 소국 설에서 50일이란 전별금을 주었다는 것은 맹자에 대하여 상당한 경의를 가지고 있었던 것으로 생각된다. 설은 송과 비교도 되지 않는 소국이다. 그리고 그가 체재한 것도 또한 송에 비하면 극히 짧은 기간이었을 것이다. 따라서 설군에 대해서 아무 기사도 없는 것은 송보다도 더한층 특기할 사실이 없었기 때문이었을 것이다.

齊人伐燕의 記事에 대하여

현재 《맹자》에는 제인벌연(齊人伐燕)에 관한 기록이 4장이나 있다. 이것은 그 내용으로 보아 분명히 원래는 연속된 기사였다. 글을 쓴 사람도 한 사람으로, 아마 공손추의 기록이 아닌가 추측해 본다.

이제 그 내용을 순서대로 나열하겠다.

1. 제나라 대부 심동(沈同)이 사실은 제의 선왕의 명령이면서도 표면으로는 자기 개인의 자격인 체하고 맹자에게 와서 내란에 허덕이고 있는 연나라를 쳐도 좋으냐고 물었다. 그러자 맹자는 쳐도 좋다고 대답했으나 결코 제나라가 쳐도 좋다고는 말하지 않았다.〈공손추 하편 제8장〉

2. 제나라는 연을 쳐서 큰 승리를 거두었다 제의 선왕은 자랑스러운 모습으로, '연나라를 아주 취하지 않으면 천명에 거역하는 것이 아니겠습니까?' 하고 물었다. 맹자는, '취하고 취하지 않는 것은 끝까지 연의 민의에 의해서 결정되는 것입니다'라고 대답하여 민의를 존중하여 학정을 하지 말도록 왕에게 간했다.〈양혜왕 하편 제10장〉

3. 그러나 선왕은 맹자의 말을 받아들이지 않고 연을 점령해 버렸다. 그리고 제의 군대들은 맘대로 약탈을 행했다. 온 천하의 제후들은 제를 불의로 규정지어 연합해서 연을 구원하려고 계획했다. 선왕은 크게 놀라서 맹자에게 이를 의논했다. 맹자는 점령한 것을 풀고 민의에 따라서 연왕을 새로 세우고 군사를 철수할 것을 권했다.

그러나 왕은 이를 듣지 않았다.〈양혜왕 하편 제11장〉

　4. 연나라 백성들은 드디어 제나라에 대하여 반란을
일으키고 따로 왕을 세워 독립하고 말았다. 제의 선왕
은 맹자를 보고 몹시 면목 없는 표정으로 부끄러워했
다. 그런데 왕의 측근에 있는 진가(陳賈)가 자진해서
선왕의 처사를 변명하고 도리어 맹자를 책망하여 맹자
를 궁지에 빠뜨리고 만다.〈공손추 하편 제9장〉

　이상에 의하면 분명히 제2와 제3 두 장만이 양혜왕
편에 뽑혀 있고, 제1과 제4 두 장은 공손추편에 남겨져
있다. 이것은 공손추편에서는 그저 왕이라고 한 것만으
로 안다. 그러나 양혜왕편에서는 그저 왕이라고만 해서
는 누군지 모르겠기에 제의 선왕이라고 고쳐 쓴 것이
분명하다.

　그렇다고치면 네 장이나 되는 연속된 기사를 두 장만
을 양혜왕편에 넣어 가지고는 제가 연을 친 동기나 결
과를 알 수 없다. 그런데 편집자는 왜 이렇게 이상하게
옮겨 편찬했을까? 그 대답은 분명하다. 그것은 1장과
4장은 심동이나 진가 같은 제나라 가신(家臣)들과의 문
답이었고, 이와 반대로 2장과 3장은 어느 것이나 제의
선왕과의 직접 문답이었기 때문이다.

　여기에서 편집자는 2장과 3장만을 뽑아서 제후들과
의 문답만을 모은 양혜왕편에 옮겼을 것이다. 따라서
가신들과의 문답인 1장과 4장과는 모두 그대로 공손추
편에 남겨 놓았다. 이렇게 볼 때 양혜왕편의 특질로 말

해서 편집자는 끝까지 계통을 세우기 위한 방법이었을 것으로 여겨진다.

不仁哉 梁惠王也章에 대하여

양혜왕편에는 상편 제1장에서부터 제5장에 이르기까지 양의 혜왕 관계의 기사가 조리정연하게 수록되어 있다. 그러나 마음먹고 양나라 혜왕을 편명으로 한 양혜왕편이면서, '不仁哉 梁惠王也'라는 한 장만이 멀리 떨어진 뒤의 진심 하편 첫장에 수록되어 있다. 이것은 무슨 까닭일까?

편명까지 이루어지면서 이 한 장만이 다른 편에 남아 있는 것은 얼핏 납득가지 않는다. 그러나 그 해명도 간단하다. 이것은 문인 공손추와의 문답이고, 또 양혜왕편에 있는 다섯 장과는 달리 양혜왕과의 문답이 아니었기 때문이다. 그러면 왜 진심 하편에 수록되어 있는 것일까?

그것은 이 장의 내용이 영토욕에 치우쳐 가장 사랑하는 자기의 태자마저도 전쟁터에 내보내서 희생시키고만 양혜왕을 비난하고, 이른바 '사람이 아니다' '귀신과 같다'라고 혹평한 것으로서, 그 다음 제2장의 '춘추때에는 의리를 위한 전쟁이 없다.' 제3장의, '지극히 어진 것으로써 지극히 어질지 못한 것을 치니 어찌 피를 흘리랴?'와 제4장의, '내가 진법(陣法)을 잘 알고 전쟁을 잘한다고 하는 것은 큰 죄인이다.' 등의 각 장과 함께 전쟁을 혹평한 말들이다. 그래서 이와 비슷한 투의 말들을 한데 묶어서 진심편에 수록했을 것이다.

그리고 또 한 가지는 이것은 왕에 대한 지나친 혹평인만큼 아마도 양을 떠난 뒤의 발언일 것으로도 생각된다. 따라서 현재 양혜왕편에 수록되어 있는(맹자가 양에 체재해 있을 당시의) 혜왕과의 문답 다섯 장보다는 연대가 약간 뒤진 것이 아닐까? 그리고 또 한 가지, 이 혜왕을 혹평한 문답의 상대방인 공손추는 맹자가 양을 떠나서 제로 간 뒤의 문인인 것으로 보아 이 문답은 제나라에서 한 것이다. 또 이것은 공손추 자신의 기록에 의해서 이루어진 것으로도 추측된다. 그러므로 그 어느 것이든간에 양혜왕편에는 도저히 편입될 수 없는 성질의 문답이다. 이런 점으로 미루어 보아 ≪맹자≫의 편집자의 의도는 지극히 주도했다고 말할 수 있다.

告子篇에 대해서

고자편에는 맹자의 논적(論敵)인 고자(告子)와의 인간성에 대한 문답이, 모두 상편의 제 1·2·3·4장에 걸쳐 일련의 기사로 정연하게 수록되어 있다. 그러나 맹자·고자의 문답이 아닌, 맹자가 그 문인과의 문답 속에서 고자의 인간론을 비평한 곳이 두 군데 있다. 그 중의 하나는 공도자(公都子)와의 문답으로서, 이것은 전기 네 장과 같은 성질에 속하기 때문에 고자 상편 속에 제6장으로 현재 수록되어 있다. 그러나 같은 고자의 말을 인용해서 비평한 것이면서도 꼭 하나만이 고자편 밖에 있는 것이 있다. 공손추 상편의 제2장, 즉 부동심 장(不動心章)이 이것이다.

이것은 공손추의 여러 차례의 간절한 질문에 응해서, 맹자는 고자의 부동심(不動心)을 들어서 예리하게 비평 하면서 진정한 부동심이 무엇인가를 설명하고, 새로 지 언(知言)과 호연지기(浩然之氣)에 언급해서 크게 자기 의 주장을 강조한 거편이다. 이 장은 고자 상편 제6장 과는 달라서, 인성론(人性論)이 아니고 차라리 실천적 인 수양론이라고 할 만하여 내용의 차이가 있다.

그뿐만 아니라 원래 이 장은 공손추와 맹자와의 문답 으로 일관되어 있기 때문에 고자편이 아니고 공손추편 에 수록되는 것이 차라리 자연스러운 일로 결코 이상하 지 않다.

따라서 논적 고자 관계의 기사를 주로 하여 폭넓게 인성론에 관한 것을 취급하고 있는 고자편도 역시 양혜 왕의 경우와 같이 잘 정리되어 있다.

公孫丑篇에 대해서

공손추편에는 제나라에 관한 기사가 매우 많다. 예를 들어 당시 제나라 임금을 가리켜 한 말로 생각되는 왕 이란 자가 나와 있는 횟수가 하편 제2장에 열 번, 제3 장에 한 번, 제4장에 한 번, 제6장에 한 번, 제8장에 두 번, 제9장에 네 번, 제10장에 두 번, 제11장에 한 번, 제12장에 열 번, 제14장에 한 번으로 많이 나와 있다. 그리고 내용이나 경우로 보아 왕이란 제의 선왕을 가리킨 것을 알 수 있다. 이 선왕을 그저 왕이라고밖에 쓰지 않은 것으로 보아 선왕이 살아 있는 동안에 씌어진 글이 분명하다.

그리고 또 제의 왕을 비롯하여 제의 인명·지명 및 제에 관계되는 사건들이 많이 나오는 것과, 또 공손추의 자나 호를 쓰지 않고 본명을 부른 것으로 보아, 공손추가 맹자의 문하에 들어올 때부터 맹자가 제나라를 떠날 때까지의 언행을 충실히 기록한 것으로 추측된다.

대체로 공손추란 공손추 상편 제1장에 있는 맹자 자신의 말에 의하면 그는 제나라 사람으로서, 맹자와는 관계가 깊은 분이다. 공손추편에는 상편의 제1·2장, 하편의 제6·14장의 네 장을 제외하고는 공손추의 이름이 별로 나오지 않는다. 하지만 공손추편을 중심으로 한 기록은 모두 이 사람의 기록으로 이루어진 것이 아닌가 생각된다.

공손추와 맹자와의 문답은 현재 열세 장이나 전해지고 있다. 그런데 공손추편에는 전기와 같이 상편에 두 장, 하편에 두 장, 도합 네 장밖에 수록되어 있지 않다. 이왕 공손추를 편명으로 부쳐 공손추편이라고 하면서 왜 그 대부분이 다른 편에 산재해 있는지 알 수 없다. 즉, 진심편에는 상편에 제 31·32·39·41의 네 장, 하편에는 제1과 제36 두 장, 도합 여섯 장이나 있고,

그밖에 이루 상편엔 제18장, 등문공 하편에는 제7장, 고자 하편에는 제3장에 각각 한 장씩 산재해 있다.

그러나 여기에는 한 가지 예외가 있다. 진심 상편 제39가 그것이다. 이 장은 '제의 선왕이 자기 어머니의 3년상을 단축하려 했을' 때의 맹자와 공손추와의 문답인데, 이것은 당연히 공손추편에 수록되어야 할 것임에도 불구하고 이것이 진심 상편에 있다는 것은 납득이 가지 않는 일이다. 그러나 진심 상편 끝의 제46장에는 '不能三年之喪 而緦小功之察云云'이라는 상례에 대한 기사가 있기 때문에 혹 공손추편이 아닌, 진심 상편에 수록한 것인지 모르겠다.

다음으로 또 한 가지 문제가 있다. 그것은 이루 상편 제18장의 '君子之不敎子 何也云云'의 경우는 제17장의 '男女授受不親 禮也云云', 제19장의 '事孰爲大云云'과 거의 같은 종류의 문제를 취급하고 있기 때문에 같은 이루 상편에 이러한 기사들이 수록되어 있다는 것도 납득할 수는 있다.

하지만 고자 하편 제3장, 등문공 하편 제7장 및 진심 하편 제36장, 이 세 장만은 전후의 장과는 아무 관계 없는데 왜 이런 말들이 산재해 있는지 까닭을 알 수 없다.

萬章篇에 대해서

만장은 사마천도 ≪사기≫의 〈맹순열전(孟荀列傳)〉에서 특별히 중요시한 만큼 맹자의 고제요, 문인 중에

서도 선배격인 사람으로 추측된다. 이 만장을 편명으로
한 만장편에서 만장을 본명으로 부른 것으로 보아 주로
만장의 기록에 의해서 이루어진 것으로 생각된다. 맹자
와의 문답은 만장 상편에는 제1·2·3·5·6·7·8·
9의 여덟 장, 하편에는 제3·4·6·7·8의 다섯 장,
도합 열세 장이나 되며 대부분이 만장편에 수록되어 있
다. 그런 의미에서 이것은 만장편의 대부분을 점령하고
있는 셈이 된다.

　그러나 여기에서 두드러지게 눈에 띄는 것은 같은 만
장편이면서도 상편은 거의 전부가 '萬章問曰'이라고 하
여 '問'이라는 자가 있고, 여기에 반해서 하편은 거의 모
두가 '問'이라는 자가 없고, 다만 '萬章曰'이라고만 씌어
져 있다.

　이것은 기록한 사람이 다르기 때문인지, 아니면 기록
한 사람은 같아도 연대에 따라서 그 표현이 달랐는지,
물론 까닭이 어느것인지 단정하지는 못하지만 이 두 가
지 중의 하나일 것이다.

　더구나 만장편 이외에 등문공 하편 제5장과 진심 하
편 제37장 두 장만이 신기하게도 다른 편에 산재해 있
다. 그러나 이들 두 장은 본래 만장 상편에 속할 성질
의 글로서, '問'자가 없는 것으로 보아 혹은 만장 상편의
필자와 동일인인지도 모른다. 그리고 또 이 두 장은 어
느것이나 당당한 거편이다. 하지만 진심 하편은 분명히
맹자가 은퇴한 후의 것으로서, 공자와 같이 그 만년의

심경을 토로한 것이다. 이것을 ≪맹자≫ 7편의 도미(掉尾)를 장식하는 진심 하편 제38장과 함께 가장 끝에 배치시킨 것은 극히 당연한 일이다.

여기에서 주의할 것은 이 제37장에는 다른 곳의 많은 장과 달리 특이하게도 만장을 '萬子曰'이라고 존칭해서 쓴 곳이 한 군데 있다. 더구나 일반에 유행되는 주자집주(朱子集註)에는 이 '萬子'의 두 자가 '萬章'으로 되어 있지만 조주(趙註)의 송간본(宋刊本)에는 '萬子'로 되어 있어 사실은 '萬子'가 옳다.

조기도 '萬子는 萬章이다'라고 주에서 말한 것으로 보아 이것은 옛부터 이렇게 되어 있는 것이니, 이것을 잘못 기록된 것이라고 단정할 수는 없다. 또 그 내용으로 보더라도 만장이 학문과 덕행이 이루어지고 나이가 들었을 때에, 이와 동시에 맹자 역시 노령시기에 있었던 것이 문답으로 추정된다. 왜냐하면 맹자가 여러 나라를 유력하기 시작한 초기라고 생각되는 양혜왕과의 회견 때문에, 이미 나이 70이나 된 혜왕에게도 '叟'라는 존칭을 받았는데, 이로부터 10여 년을 유력한 뒤에 고향으로 은퇴했을 만큼 이즈음의 맹자는 실로 노령이었을 것이다.

따라서 이 문답은 ≪맹자≫ 7편 중에서도 가장 만년의 문답이라고 추측된다. 이런 점으로 보아 제37장이 진심 하편 맨끝의 제38장, 즉 '성인이 나타나는 것은 5백 년마다 있는 일이다'. 하는 주기설을 말하고, 또 요순 이래의 도통(道統)을 역설하여 7편의 최후를 장식하고 있는 유명한 말과 함께 배치된 것은 참으로 타당한 일이다.

그러나 등문공 하편 제5장만은 왜 같은 편에 수록되었는지 그 의도를 알 수 없다. 이 장은 소국인 송나라 왕도 정치를 하려 하고 있으나 대국인 제·초 틈에 끼여 있기 때문에 이것을 고민하여 만장이 맹자와 문답한 기사가 있다. 이 편 제1장에서부터 제5장까지는 모두 도(道)나 왕정(王政)에 대한 문답뿐이다. 그런 이유로 이것이 편에 들어간 것이지만 이것 역시 글을 쓴 사람이 동일한지, 아니면 위에 말한 이유 때문인지는 알 수 없다.

이상을 총괄해 볼 때 다음과 같은 결론을 내릴 수 있다.

1. 만장이나 공손추 등 문인이 직접 쓴 것이 맨앞에 수록되었다.

2. 다음으로 만장·진진·서벽·악정극·옥노련·공도자·고자 같은 문인을 자(子)라고 존칭해 부를 만한 후학의 무리, 즉 맹자로서 보면 재전(再傳)의 제자라고 할 수 있는 사람들의 손으로 이루어져 뒤에 가서 수록된 것이다.

그러므로 위에 말한 1은 맹자의 언행에 관한 초기 기록이요, 제자들의 기록에 기초를 두고 이루어졌다. 또

2는 후기 기록으로서 재전의 제자라고 할 수 있는 사람들의 손으로 이루어졌다.

이 전기·후기 두 종류의 기록에 기초를 두고 정리하고 편찬한 것이 바로 현재의 ≪맹자≫ 7편이다.

孟子 卷一

梁惠王章句 上 1

맹자가 양의 혜왕을 만났다.

왕이 말했다.

"노인께서 천리 길을 멀다 하지 않고 오셨으니 장차 우리나라를 이롭게 하시렵니까?"

맹자께서 대답하셨다.

"왕께서는 하필 이익에 대해서 말씀하십니까? 오직 인의(仁義)가 있을 뿐입니다. 왕께서 어떻게 해야 내 나라를 이롭게 할 수가 있을까 하시면 대부들은 어떻게 해야 내 집을 이롭게 할 수 있을까 할 것입니다. 그리고 일반 백성들은 어떻게 해야 내 몸을 이롭게 할 수가 있을까 할 것입니다. 이리하여 임금과 신하가 다 이익을 서로 찾으면 나라는 위태롭게 됩니다. 만승(萬乘)의 나라에서 그 임금을 죽이는 자는 천승(千乘)의 집안일 것이요, 천승의 나라에서 그 임금을 죽이는 자는 백승(百乘)의 집안일 것입니다. 만에서 천을 가지거나 천에서 백을 가지는 것이 적다고 할 수 없거늘, 만일 의리를 뒤로 하고 이익을 앞세운다면 모두 빼앗지 않고는 식성에 차지 않을 것입니다. 어진 이로서 제 어버이를

버리는 자가 아직 없고 의로운 사람으로 제 임금을 뒷
전에 두는 자는 아직 없습니다. 왕께서는 인의를 말할
일이지 어찌 이익을 말씀하십니까."

原文

孟子 見梁惠王 王曰‘叟不遠千里而來 亦將有以利吾國
乎’孟子對曰‘王何必曰利 亦有仁義而已矣 王曰何以利吾
國 大夫曰何以利吾家 士庶人曰何以利吾身 上下交征利而
國危矣 萬乘之國弑其君者必千乘之家 千乘之國弑其君子
必百乘之家 萬取千焉千取百焉不爲不多矣 焉爲後義而先
利不奪不饜未有仁而遺其親者也 未有義而後其君者也 王
亦曰仁義而已矣何處曰利’

梁惠王章句 上 4

양나라 혜왕이 말했다.

"과인이 선생의 가르침을 받고자 하오."

맹자께서 대답하셨다.

"사람을 죽이는 데 몽둥이로 죽이는 것과 칼로 죽이
는 것이 다릅니까?"

"다를 것이 없지요."

"그럼 칼로 죽이는 것과 정치로 죽이는 것은 다릅니
까?"

"다를 것이 없지요."

"푸줏간에는 살찐 고기가 있고, 마구간에는 살찐 말이 있는데, 백성에게는 주린 빛이 있고 들판에는 굶어 죽은 시체가 널렸다면 이것은 짐승을 끌어다가 사람을 잡아먹게 하는 것과 같습니다. 짐승끼리 서로 잡아먹는 것도 사람이 미워하는데, 더구나 백성의 부모가 되어 정치를 하면서 짐승을 몰아 사람을 먹게 하는 일을 면치 못한다면 어찌 백성의 부모라 할 수 있겠습니까? 중니가 말하기를 '처음 허수아비를 만든 자는 분명히 자손이 없을 것이다'. 하였습니다. 이는 허수아비가 사람처럼 만들어졌고 그것을 무덤에 묻는 까닭이지요. 허수아비도 그러하거늘 더구나 살아 있는 백성을 굶주려 죽게 할 수 있겠습니까."

原文

梁惠王曰寡人願安承敎　孟子對曰殺人以梃與刃有以異乎 曰無以異也 以刃與政有以異乎 曰無以異也 曰庖有肥肉廐有肥馬 民有飢色野有餓莩 比率獸而食人也 獸相食且人惡之　爲民父母行政不免於率獸人食人惡在其爲民父母也 仲尼曰始作俑者其無後乎 爲其象人而用之也 如之何其使斯民飢而死也

孟子 卷二

장포가 맹자를 만나 말했다.

"내가 왕께 뵈었더니 왕께서는 나를 보고 자신은 즐기는 것을 좋아한다고 말했습니다. 나는 아무 대답도 하지 못했습니다. 즐기는 것을 좋아하는 것은 무엇인지요?"

맹자께서 말씀하셨다.

"왕이 즐기는 것을 몹시 좋아하신다면 제(齊)나라는 얼마 가지 않을 것이오."

그 뒤 어느 날 왕을 만나 말했다.

"왕께서 일찍이 장자에게 즐기는 것을 좋아하신다고 말씀하셨다니 그런 일이 있습니까?"

왕은 얼굴빛이 변하며 말했다.

"과인은 선왕의 낙을 좋아하는 것이 아니고, 곧 세속의 낙을 좋아합니다."

"왕의 즐거워하는 것을 좋아하심이 지나치시면 제나라는 오래가지 못할 것입니다. 지금 사람의 낙이 옛날 사람들의 낙과 마찬가지입니다."

"그 까닭을 들을 수 있습니까?"

"혼자 즐기는 것과 사람과 더불어 즐기는 것 중 어느 것이 참으로 즐기는 것입니까?"

"물론 사람들과 함께 즐기는 것만 같지 못하지요."

"적은 사람들과 즐기는 것과 여러 사람이 함께 즐기는 것은 어느것이 나은가요?"

"물론 많은 사람과 더불어 즐기는 것이지요."

청컨대, 신이 왕을 위하여 낙을 말하겠습니다. 지금 왕께서 음악을 한다고 합시다. 백성들이 왕의 장구와 피리소리를 들으면서 두통을 앓고 콧날을 찌푸리면서 서로 말하기를, '우리 임금의 음악 좋아하심이여, 어찌 우리로 하여금 이토록 심하게 궁지에 몰리게 하실까. 부자가 서로 만나지 못하고 형제와 처자는 모두 흩어졌네'. 합니다. 또 지금 왕께서 들에 사냥을 나가셨다 합시다. 백성들은 왕의 거마소리를 듣고 깃발의 아름다운 모양을 보며 두통을 앓고 콧날을 찌푸리며 서로 말하기를, '우리 임금의 사냥을 좋아하심이여, 어찌하여 우리들을 이런 궁경에까지 몰아넣는 것일까. 부자가 서로 만나지 못하고 형제, 처자는 뿔뿔이 흩어졌네' 합니다. 이렇게 되는 데는 다른 까닭이 없습니다. 백성과 더불어 즐기지 않기 때문입니다. 또한 지금 왕께서 음악을 연주하시면, 백성들은 종과 북, 피리소리를 들으면서 모두 기뻐하며 말하기를, '우리 임금께서 다행히 병환이 없으신 게로구나. 어쩌면 저렇게 음악을 다 연주하실까?' 또 왕께서 사냥을 하시면, 백성들은 왕의 거마소리와 깃발의 아름다운 모양을 보면서 서로 기뻐하며 말하기를, '우리 임금께서 병환이 없으신 게로구나. 어쩌면 사냥을 다 나오실까' 합니다. 이는 다른 뜻이 없습니다. 백성과 더불어 즐기기 때문입니다. 이제 왕께서 백성과 더불어 즐거움을 같이하신다면 곧 훌륭한 왕노릇을 하는 것입니다."

原文

莊暴見孟子曰 暴見於王 王語暴以好樂 暴未有以對也 曰好樂何如 孟子曰 王之好樂甚則齊國其庶幾乎 他日見於王曰 王嘗語莊子以好樂 有諸王變乎色曰 寡人非能好先王之樂也直好世俗之樂耳 曰王之好樂甚則齊其庶幾好 今之樂由古之樂也 曰可得聞與 曰獨樂樂與人樂樂孰樂 曰不若與人 曰與少樂樂與衆樂樂孰樂 曰不若與衆 臣請爲王言樂 今王鼓樂於此百姓聞王鍾鼓之聲管籥之音 擧疾首蹙頞而相告曰 '吾王之好鼓樂 夫何使我至於此極也 父子不相見兄弟妻子離散' 今王田獵於此百姓聞王車馬之音見羽旄之美 擧疾首蹙頞而相告曰 '吾王之好田獵 夫何使我至於此極也 父子不相見兄弟妻子離散' 此無他不與民同樂也 今王鼓樂於此百姓聞王鍾鼓之聲管籥之音 擧欣欣然有喜色而相告曰 '吾王庶幾無疾病與 何以能鼓樂也' 今王田獵於此百姓聞王車馬之音見羽旄之美 擧欣欣然有喜色而相告曰 '吾王庶幾無疾病與 何以能田獵也' 此無他與民同樂也 今王與百姓同樂則王矣

孟子 卷三

公孫丑章句 上 3

맹자께서 말씀하셨다.

"힘으로 정치를 하면서 겉으로만 어진 체하는 자를 패자라고 한다. 패자가 되려면 반드시 큰 나라를 가져야 한다. 덕행으로 어진 정치를 하는 자를 왕자(王者)라고 한다. 왕자는 나라가 크기를 기다리지 않는다. 탕왕은 겨우 사방 70리로 왕노릇을 했고, 문왕은 겨우 백리를 가지고 왕노릇을 했다. 힘이 백성을 복종시키는 것은 표면뿐이고 마음으로는 복종하지 않는다. 단지 힘이 모자라기 때문에 할 수 없이 복종하는 것이다. 덕으로 백성을 복종시키는 것은 마음으로 기뻐하여 진심으로 복종하는 것이다……."

原文

孟子曰 以力假仁者覇 覇必有大國 以德行仁者王 王不待大 湯以七十里 文王以百里 以力服人者非心服也力不贍也 以德服人者中心悅而誠服也……

孟子 卷四

公孫丑章句 下 3

진진이 물었다.

"지난날 제나라에서는 왕이 겸금(兼金) 1백 일(鎰)을 주는 것을 받지 않으시더니, 송나라에서는 70일을 주는데도 받으셨으며, 설(薛)에서는 50일을 받으셨습니다. 그때 사양하신 것이 옳다면 오늘 받으신 것이 잘못일 것이요, 오늘 받으신 것이 옳다면 그때 사양한 것이 잘못일 것입니다. 선생님께서는 어떻게 생각하십니까?"

맹자께서 말씀하셨다.

"모두 옳다. 송나라에서는 내가 장차 먼 길을 떠나려던 참이니, 길을 떠나는 자에게 노자를 주는 것이 예의이다. 전별하는 뜻으로 주는 것이라 하니 어찌 받지 않겠느냐. 또 설나라에 있을 때에는 나에게 위해(危害)를 가하려고 하는 자가 있어서 마음을 경계하고 있었다. 설의 임금이 이것을 알고, 경계히는 일이 있다고 들었기에 경비하는 군사의 비용으로 쓰라 하였으니, 어찌 이것을 받지 않겠는가. 그러나 제나라에서는 돈이 쓸데가 없었다. 필요없는 돈을 받음은 뇌물을 받는 것이니, 어찌 군자로서 뇌물에 매수되는 일을 하겠느냐."

原文

陳臻問曰　前日於齊　王餽兼金一百而不受　於宋餽七十
鎰而受　於薛餽五十鎰而受　前日之不受是則今日之受非也
今日之受是則前日之不受非也　夫子必一居於此矣　孟子曰
皆是也　當在宋也予將有遠行　行者必以贐辭曰餽贐予何爲
不受　當在薛也予有戒心　辭曰聞戒故爲兵餽之予何爲不受
若於齊則未有處也　無處而餽之是貨之也　焉有君子而可以
貨取乎

孟子　卷五

滕文公章句 上 3

등나라 문공이 나라 다스리는 법을 물었다. 맹자께서 말씀하셨다.

"백성들의 농사짓는 일이 무엇보다 급합니다. ……대체로 백성들의 통성(通性)을 보면 일정한 생업이 있는 자는 따라서 도의심이 있고, 그렇지 않은 자는 도의심도 없게 마련입니다. 그리하여 방탕, 편벽, 간사, 사치함을 거침없이 행합니다. 그래서 죄를 범한 뒤에 법에 따라 형벌을 가하게 되니, 이야말로 백성을 무시하는 처사입니다……"

原文

滕文公問爲國　孟子曰民事不可緩也…… 民之爲道也有恒産者有恒心、無恒産者無恒心、苟無恒心放辟邪侈無不爲己 及陷乎罪然後從而刑之是罔民也……

孟子　卷六

滕文公章句 下 7

공손추가 물었다.

"선생님께서 제후들을 만나지 않으시는 것은 무슨 까닭인지요?"

맹자께서 대답하셨다.

"옛날에는 벼슬을 해서 그 임금의 신하가 되지 않고서는 먼저 찾아가 만나지 않았다. 단간목은 담을 넘어 피했고, 설류(泄柳)는 문을 닫고 들이지 않았다. 그러나 이것은 모두 지나친 것이니, 굳이 만나고자 한다면 만나 볼 일이다……."

原文

公孫丑問曰不見諸候何義　孟子曰不爲臣不見　段干木踰垣而辟之　池柳閉門而不內　是皆已甚迫斯可以見矣……

孟子 卷七

離婁章句 上 5

맹자께서 말씀하셨다.

"세상 사람들은 누구나가 모두 입버릇처럼 천하니 국가니 하고 말한다. 하지만 천하의 근본은 나라요, 나라의 근본은 집이며, 집의 근본은 몸이다."

原文

孟子曰 人有恒言皆曰天下國家 天下之本在國國之本在家家之本在身

離婁章句 上 10

맹자께서 말씀하셨다.

"자기가 자기를 나쁘다고 단념하는 사람과는 함께 말할 수 없다. 자기가 자기를 쓸모 없다고 버리는 사람과는 함께 일할 수가 없다. 말끝마다 예의를 비방하는 것을 자포(自暴)라고 하고, 나 같은 자는 도저히 인의를 행할 자격이 없다고 하는 것을 자기(自棄)라고 한다. 어진 것은 사람이 편안히 살 집이요, 의리는 사람의 바

른 길이다. 그런데 저 자포자기하는 사람들은 그 편안
한 집을 비워 두고 살지 않으며, 바른 길을 버리고 가
지 않으니 슬픈 일이다."

原文

孟子曰 自暴者不可與有言也 自棄者不可與有爲也 言
非禮義謂之自暴也 吾身不能居仁由義謂之自棄也 仁人之
安宅也 義人之正路也 曠安宅而弗居舍正路而不由哀哉

離婁章句 上 16

맹자께서 말씀하셨다.

"공손한 사람은 남을 업신여기지 않고, 검소한 사람
은 남의 것을 빼앗지 않는다. 남을 업신여기고 남의 것
을 빼앗는 임금은 오직 백성들이 순종하지 않을까 두려
워하니, 이러고서야 어찌 공손하고 검소할 수가 있겠는
가. 공검을 어찌 말소리나 웃는 모양으로 거짓 꾸밀 수
있겠느냐?"

原文

孟子曰 恭者不侮人 儉者不奪人 侮奪人之君惟恐不順
焉惡得爲恭儉 恭儉豈可以聲音笑貌爲哉

孟子 卷八

離婁章句 下 1

맹자께서 말씀하셨다.

"순은 저풍에서 나서 부하로 옮겨가서 살다가 명조에서 생을 마쳤으니, 말하자면 동이 사람이다. 문왕은 기주에서 나서 필영에서 생을 마쳤으니 서이 사람이라 하겠다. 이 순과 문왕은 태어난 땅이 천 리나 떨어져 있고, 시대는 천 년 이상이나 차이가 있다. 그러나 두 사람이 모두 뜻을 얻어 천하에 도를 행한 점에 있어서는 부절(符節)을 합친 듯 똑같다. 먼저 난 성인이나 뒤에 난 성인이나 행한 도가 모두 같다."

原文

孟子曰 舜生於諸馮遷於負夏卒於鳴條東夷之人也 文王生於岐周卒於畢郢西夷之人也 地之相去也千有餘里 世之相後也千有餘歲得志行乎中國若合符節先聖後聖其揆一也

離婁章句 下 4

맹자께서 말씀하셨다.

"임금이 만일 아무 죄 없는 선비를 죽인다면 그 위험은 대부에게도 장차 미칠 것이니 빨리 떠날 일이며, 죄 없는 백성을 죽인다면 그 화가 머지않아 선비에게도 미칠 것이니 빨리 피할 일이다."

原文

孟子曰　無罪而殺士則大夫可以去　無罪而戮民則士可以徙

離婁章句 下 9

맹자께서 말씀하셨다.

"공연히 남의 착하지 못한 것을 말하다가 뒤에 오는 걱정을 어떻게 하겠는가."

原文

孟子曰　言人之不善當如後患何

離婁章句 下 12

맹자께서 말씀하셨다.

"대인은 언제나 적자(赤子)와 같은 마음을 잃지 않는 자이다."

原文

孟子曰 大人者不失其赤子之心者也

離婁章句 下 16

맹자께서 말씀하셨다.

"갑자기 착한 일로 사람을 설복시키려 해도 사람을 설복시킬 수는 없다. 평소부터 착한 일을 해서 사람을 교화시켜 가면 능히 천하를 설복시킬 수가 있다. 천하 사람이 심복하지 않고 왕자(王者)가 된 예는 옛부터 한 번도 없다."

原文

孟子曰 以善服人者未有能服人者也 以善養人然後能服天下 天下不心服而王者未之有也

離婁章句 下 24

맹자께서 말씀하셨다.

"남에게 물건을 받아도 좋고, 받지 않아도 좋을 때에는 받지 않는 것이 좋다. 받으면 청렴한 덕에 흠이 생긴다. 남에게 물건을 주어도 좋고, 주지 않아도 좋을 때에는 주지 않는 것이 좋다. 주면 도리어 은혜의 덕에 흠이 생긴다. 죽어도 좋고, 죽지 않아도 좋을 때에는 죽지 않는 것이 좋다. 죽으면 용기에 흠이 간다."

原文

孟子曰 可以取可以無取 取傷廉 可以與可以無與 與傷
惠 可以死可以無死 死傷勇

離婁章句 下 33

저자(儲子)가 말했다.

"왕께서 사람을 시켜 선생님의 하시는 일을 엿보고
오라 하였습니다. 그런데 선생님께서는 과연 남과 다른
점이 있습니까?"

맹자께서 말씀하셨다.

"무엇이 남과 다르겠는가. 요순도 남과 같았는데."

原文

儲子曰 王使人瞷目間夫子 果有異於人乎 孟子曰 何以
異於人哉 堯舜與人何耳

孟子　卷九

만장이 물었다.

"순이 역산에서 농사지을 때 날마다 밭에 나가서 소리를 내어 울면서 하늘에 호소했다고 하는데 왜 그렇게 울부짖었을까요?"

맹자께서 대답하셨다.

"그것은 부모의 사랑을 받지 못하는 것을 원망하고 부모를 사모해서 그런 것이다."

만장이 말했다.

"옛말에 부모가 자기를 사랑하면 기뻐하여 잊지 않고, 만일 부모가 자기를 미워하면 더 애써서 섬기고, 원망하지 않아야 한다고 했습니다. 그런데 순은 부모를 원망했습니까?"

맹자께서 대답하셨다.

"옛날 장식(長息)이 자기 선생 공명고(公明高)에게 묻기를 '순이 밭에 나가서 일한 것에 대해서는 이미 말씀을 들어서 잘 알겠습니다. 그러나 소리를 내어 울며 하늘에 호소했다는 것은 알 수 없습니다' 하였다. 공명고는 '그건 네가 알 수 없을 것이다' 하고 말했다. 대체로 공명고는, '효자의 마음이란 그렇게 냉담한 것은 아니다. 즉 자기는 힘을 다하여 밭을 갈아 자식된 도리를

다할 뿐이다. 만일 부모가 나를 사랑해 주지 않는다 할
지라도 나에게 무슨 상관이 있으랴 하는 뜻은 아니다'라
고 생각한 것이다. 그 뒤에 요제(堯帝)는 자기의 아홉
아들과 두 딸을 비롯하여 백관(百官)과 많은 소와 양,
창고의 물건을 모두 보내서 농촌에 있는 순을 섬기도록
했다. 그랬더니 온 천하의 선비들이 순에게로 좇아가는
자가 많았다. 이에 요제는 천하를 모두 가져다가 순에
게 양보하려 했다. 그러나 순은 부모의 기쁨을 얻지 못
한 터라 마치 궁핍한 사람이 갈 곳이 없는 것처럼 보였
다. 천하의 모든 선비들이 자기에게 복종하는 것은 누
구나 바라는 일임에도 불구하고, 이것으로도 순의 마음
의 근심을 풀지는 못했다. 또 미인을 누구나 바라는데,
요제의 아름다운 두 딸을 아내로 삼았어도 오히려 그의
마음의 근심을 풀 수가 없었다. 또 부(富)는 누구나 바
라는 바이지만, 순은 천하의 부를 다 차지했어도 마음
의 근심을 풀지 못했다. 또 귀한 것은 사람이 다 바라
는 바이지만, 천자라는 귀한 자리를 차지하고서도 마음
의 근심을 풀지 못했다. 이렇게 사람들의 복종과 미인
과 부귀, 그 어느것도 순의 근심을 풀지 못하고, 오직
부모의 사랑을 받는 것만이 그의 근심을 푸는 길이었
다. 보통 사람은 어려서 부모를 사랑하다가 이성을 알
게 되면 젊은 여자를 사랑하고, 처자를 갖게 되면 처자
를 사랑하고, 벼슬하면 임금을 사모하고, 만일 임금의
마음에 들지 않으면 마음에 들도록 애쓴다. 그러나 큰

효자는 한평생 부모를 사모한다. 나이 50이 되어서도
부모를 사모하는 이를 나는 위대한 순에게서 처음 발견
했다."

原文

萬章問曰 舜往于田號泣于旻天 何爲其號泣也 孟子曰
怨慕也 萬章曰 父母愛之喜而不忘 父母惡之勞而不怨 然
則舜怨乎 曰長息問於公明高曰 舜往于田則吾旣得聞命矣
號泣于旻天于父母則吾不知也 公明高曰是非爾所知也 夫
公明高以孝子之心爲不若是恝 我竭力耕田共爲子職而已
矣 父母之不我愛於我何哉 帝使其子九男二女百官牛羊倉
廩備以事舜於畎畝之中 天下之士多就之者帝將胥天下而
遷之焉 爲不順於父母如窮人無所歸 天下之士悅之人之所
欲也而不足以解憂 好色人之所欲妻帝之二女而不足以解
憂 富人之所欲富有天下而不足以解憂 貴人之所欲貴爲天
子而不足以解憂 人悅之好色富貴無足以解憂者 惟順於父
母可以解憂 人少則慕父母知好色則慕少艾 有妻子則慕妻
子 仕則慕君不得於君則熱中 大孝終身慕父母 五十而慕者
予於大舜見之矣

孟子 卷十

萬章章句 下 1

……맹자께서 말씀하셨다.

"백이는 성인 중에서 청렴한 사람이요, 이윤은 성인 중에서 책임감이 강한 사람이요, 유하혜는 성인 중에서 고르게 조화 이룬 마음을 가진 사람이요, 공자는 성인 중에서 때를 맞추어 행한 사람이다 그러므로 공자야말로 모든 덕을 집대성한 사람이라 할 수 있다……."

原文

……孟子曰 伯夷聖之淸者也 伊尹聖之任者也 柳下惠聖之和者也 孔子聖之時者也 孔子之謂集大成……

萬章章句 下 3

만장이 물었다.

"친구 사귀는 방법을 가르쳐 주십시오."

맹자께서 말씀하셨다.

"자기가 어른이라는 마음을 갖거나, 귀한 신분이라는 마음을 갖거나, 형제 중에 훌륭한 사람이 있다는 마음을 가지고 사귀지 마라. 친구란 그 인격을 친구로 사귀는 것이니 조금도 잘난 체해서는 안 된다. 맹헌자(孟獻子)는 수레 백 대를 부릴 수 있는 대부의 신분으로서, 그에게는 다섯 사람의 친구가 있었는데, 그들은 악정구(樂正裘)와 목중(牧仲)이며, 나머지 세 사람의 이름은 내가 잊었다. 헌자가 이들과 사귄 것은 자기의 부귀를 잊고 잘난 체하지 않았기 때문이다. 또 이들 다섯 사람 역시 헌자가 부귀하다는 것을 마음에 두고 있었다면 헌자는 결코 그들과 사귀지 않았을 것이다……." ,

原文

　萬章問曰敢問友　孟子曰　不挾長不挾貴不挾兄弟而友友也者友其德也不可以有挾也　孟獻子百乘之家也　有友五人焉樂正裘牧仲其三人則事忘之矣　獻子之與此五人者友也　無獻子之家者也　此五人者亦有獻子之家則不與之友矣……

孟子 卷十一

告子章句 上 1

고자가 말했다.

"사람의 성품은 마치 기류(杞柳)와 같고, 의리는 마치 그 기류로 만든 배권(桮捲)과 같은 것이다. 그러므로 사람의 성품을 가지고 인의(仁義)를 행하는 것은 기류를 구부려서 배권을 만드는 것과 같다."

맹자께서 말씀하셨다.

"그러면 그대는 기류의 본성에 순응해서 배권을 만드는가, 그렇지 않으면 기류의 본성을 거슬러 가지고 배권을 만드는가. 만일 기류의 본성을 거슬러서 배권을 만든다고 한다면, 사람에 있어서도 역시 본성을 거슬러서 인의를 행한다는 것인가. 천하 사람을 모두 거느리고 인의의 도덕에 화를 끼칠 사람은 아마도 그대의 말일 것이다."

原文

告子曰 性猶杞柳也 義猶桮捲也 以人性爲仁義猶以杞柳爲桮捲 孟子曰 子能順杞柳之性而以爲桮捲乎 將戕賊杞柳而後以爲桮捲也 如將戕賊杞柳而以爲桮捲則亦將戕賊

人以爲仁義與 率天下之人而禍仁義者必子之言夫

告子章句 上 6

……맹자께서 말씀하셨다.

"사람의 본성이 그대로 나타나면 사람은 누구나 반드시 착하다. 그래서 나는 사람의 성품은 착하다고 말하는 것이다. 그러나 만일 착하지 않은 일을 했다면 그것은 본바탕의 죄는 아닐 것이다. 왜냐하면 사람이면 측은한 마음은 누구나 가지고 있고, 수오(羞惡)하는 마음도 누구나 가지고 있으며, 공경하는 마음, 시비를 아는 마음도 누구나 가지고 있다. 측은한 마음은 인(仁)이요, 수오하는 마음은 의(義)요, 공경하는 마음은 예(禮)요, 시비를 아는 마음은 지(智)다. 그러면 인의예지, 네 가지는 마음 밖에서 도금해서 장식한 것이 아니요, 원래 자기 마음속에 지니고 있던 것이다. 그런데 사람들은 이것을 깨닫지 못한 것뿐이다. 그러므로 나는 이러한 마음의 덕을 구하면 반드시 얻을 수가 있지만 내버려두면 잃는다고 말하고 싶다. 같은 사람이면서도 선과 악의 차이가 2배가 되거나 혹은 5배가 되어 드디어 계산도 할 수 없이 떨어지는 것은 소질을 충분히 발휘하지 못한 때문이다. ≪시경≫에도 말하기를, '하늘이 만민을 이 세상에 냈을 때, 모든 사물이 있으면 거기에는 반드시 일정한 법칙이 있게 하였다. 그리하여 백성들은 그 올바른 본성을 가지게 되면 모두 아름다운 덕을 좋아하게 된다'고 했다. 공자가 말하기를, '이 시를 지은 사람이야말로 사람의 도를 잘 아는 자이다' 했다. 즉, 사물이 있으면 반드시 일정한 법칙이 있는 것이니, 사람도 본래의 성품에 따른다면 물론 아름다운 덕을 좋아한다."

原文

……孟子曰乃若其情則可以爲善矣 乃所謂善也 若夫爲不善非才之罪也 惻隱之心人皆有之 羞惡之心人皆有之 恭敬之心人皆有之 是非之心人皆有之 惻隱之心仁也 羞惡之心義也 恭敬之心禮也 是非之心智也 仁義禮智非由外鑠我也我固有之也弗思耳矣 故曰求則得之舍則失之 或相倍蓰而無算者不能盡其才者也 詩曰‘天生蒸民有物有則 民之秉夷好是懿德’孔子曰‘爲此詩者其知道乎’故有物必有則民之秉夷也故好是懿德

告子章句 上 11

맹자께서 말씀하셨다.

"인은 사람이 본래 가지고 있는 마음이요, 의는 사람이 행해야 할 길이다. 그러나 바른 길을 버리고 가지 않으며, 그 마음을 잃어버리고도 찾아 구하지 않는다. 참으로 탄식할 일이다. 세상 사람들은 누구나 기르는

닭이나 개가 보이지 않으면 이것을 찾아 나설 줄은 알면서도 마음을 잃으면 애써 찾을 줄 모른다. 학문의 길은 다른 것이 아니다. 오직 그 잃어버린 마음을 찾아 구하는 것이다."

原文

孟子曰 仁人心也 義人路也 舍其路而弗由 於其心而知求 哀哉 人有鷄犬放則知求之 有放心而不知求 學問之道無他求其放心而已矣

告子章句 上 15

공도자가 물었다.

"다같은 사람이면서도 혹은 위대한 사람이 되기도 하고, 혹은 소인이 되기도 하는 것은 무슨 까닭입니까?"

맹자께서 말씀하셨다.

"그 대체(大體), 즉 양심을 좇으면 위대한 사람이 되고, 소체(小體), 즉 이목의 욕망을 좇으면 소인이 되는 것이다……"

原文

公都子問曰 鈞是人也或爲大人或爲小人何也 孟子曰從其大體爲大人 從其小體爲小人……

孟子　卷十二

告子章句 下 9

맹자께서 말씀하셨다.

"지금 임금을 섬기는 자들은 모두 자랑스럽게 말하기를, '나는 임금을 위해서 토지를 개간하고, 조세를 많이 받아서 국고를 채운다'고 한다. 이런 자들을 지금 세상에서는 양신(良臣)이라고 하는데, 옛날 같으면 이들을 백성의 도둑이라고 불렀을 것이다. 왜냐하면, 임금이 조금이라도 바른 길로 향하지 않고, 어진 일에 뜻을 두지 않는데, 오직 그 임금을 부자되게 할 뿐이니 이것은 옛날에 걸왕(傑王)을 부자되게 한 것이나 마찬가지이기 때문이다……."

原文

孟子曰 今之事君者曰我能爲君辟土地充府庫 今之所謂良臣古之所謂民賊也　君不鄕道不志於仁而求富之　是富桀也……

孟子 卷十三

盡心章句 上 1

맹자께서 말씀하셨다.

"자기가 가지고 있는 본심을 충분히 발전시킨 사람은 사람의 본성이 원래 착하다는 것을 안다. 본성이 착하다는 것을 알게 되면 이로써 하늘의 마음을 알 수 있다. 자기의 본심을 잘 보전하고 본성을 잘 길러 가는 것이 곧 하늘을 섬기는 도리이다. 단명하거나 장수하거나 한결같이 자기 몸을 닦고 조용히 천명을 기다리는 것이 천명을 존중하는 도리이다."

原文

孟子曰 盡其心者知其性也 知其性則知天矣 存其心養其性所以事天也 夭壽不貳脩身以俟之所以立命也

盡心章句 上 6

맹자께서 말씀하셨다.

"사람은 수치심이 없어서는 안 된다. 만일 진실로 수치심이 없음을 부끄러워할 줄 안다면 그 사람은 치욕을 당하는 일이 없을 것이다."

原文

孟子曰 人不可以無恥 無恥之恥無恥矣

盡心章句 上 12

맹자께서 말씀하셨다.

"백성을 편안히 해주어야겠다는 마음가짐으로 백성을 대하면, 백성은 아무리 수고로워도 원망하지 않는다. 백성을 보호하겠다는 마음으로 만일 백성을 죽이면, 아무리 사형을 집행해도 결코 군주를 원망하지 않는다."

原文

孟子曰 以佚道使民雖勞不怨 以生道殺民雖死不怨殺者

盡心章句 上 13

맹자께서 말씀하셨다.

"패자의 백성은 그 은혜에 감동해서 기뻐하지만, 왕자(王者)의 백성은 그저 만족할 뿐이다. 왕자는 사람을 죽여도 백성은 원망하지 않으며, 반대로 이롭게 해주어도 특별히 고맙게 여기지 않는다. 그리하여 백성들은 하루하루 착한 데로 옮겨가면서도 그것이 누구의 덕인지 모른다. 대체로 왕자가 지나가면 백성들은 모두 그 덕에 감화되고, 그들이 살고 있는 땅은 그 덕의 감화로써 훌륭히 다스려진다. 즉 그 덕의 흐름은 위로는 하늘, 아래로는 땅과 같아서 실로 광대하다. 어찌 패자의 작은 은혜와 비교하겠는가."

原文

孟子曰 霸者之民驩虞如也 王者之民皞皞如也 殺之而不怨利之而不庸 民日遷善而不知爲之者 夫君子所過者化 所存者神 上下與天地同流 豈曰小補之哉

盡心章句 上 37

맹자께서 말씀하셨다.

"다만 식록(食祿)만 주고 그 사람을 사랑하지 않으면 그것은 다만 돼지로 취급하는 것과 같다. 또 사랑할 뿐이요, 공경하는 마음이 없다면 이것은 짐승을 먹이는 것과 다름없다. 대체로 어진 사람을 맞는 데는 예물을 보내기 전에 우선 공경하는 마음이 있어야 한다. 만일 공경한다는 것이 예물의 형식으로 그치고 충실함이 없다면 군자를 붙들어 둘 수 없다."

原文

孟子曰 食而弗愛豕交之也 愛而不敬獸畜之也 恭敬者 幣之未將者也 恭敬而無實君子不可虛拘

孟子 卷十四

盡心章句 下 7

맹자께서 말씀하셨다.

"나는 지금 새삼스럽게 남의 어버이를 죽이는 것이 얼마나 중대한 일인가를 알았다. 내가 남의 아버지를 죽이면 그 사람도 역시 내 아버지를 죽일 것이며, 남의 형을 죽이면 그 사람도 역시 내 형을 죽일 것이다. 이렇게 되면 내가 손수 아버지와 형을 죽이는 것은 아닐지라도 결국 내가 죽이는 것과 다름없다."

原文

孟子曰 吾今而後知殺人親之重也 殺人之父人亦殺其父 殺人之兄人亦殺其兄 然則非自殺之也一間耳

盡心章句 下 8

맹자께서 말씀하셨다.

"옛날에 관소(關所)를 만든 것은 사나운 짓을 막기 위해서였다. 그러나 오늘날 관소는 무거운 세금이나 물려서 사나운 짓을 하도록 만드는 것 같다."

孟子曰 古之爲關也將以禦暴 今之爲關也將以爲暴

盡心章句 下 14

맹자께서 말씀하셨다.

"국가에 있어서는 백성이 무엇보다도 귀중한 것이요, 사직(社稷)이 그 다음이요, 임금이 제일 가벼운 것이다. 그러므로 많은 백성으로부터 신임을 받으면 천자가 되는 것이요, 천자에게서 신임을 받으면 제후가 되고, 제후에게서 신임을 받으면 대부가 된다. 따라서 제후가 무도하여 사직을 위태롭게 하면 그 임금을 바꾸어 놓는다. 또한 사직의 제사에 쓸 희생이 살찌고 제사에 쓸 곡식도 깨끗하며, 시기에 맞추어 제사를 지냈는데도 가뭄이나 홍수가 있으면 사직의 제단을 새로 만든다."

原文

孟子曰 民爲貴 社稷次之 君爲輕 是故得乎丘民 而爲天子 得乎天子爲諸侯 得乎諸侯爲大夫 諸侯危社稷則變置 犧牲旣成粢盛旣潔 祭祀以時而旱乾水溢則變置社稷

盡心章句 下 19

맥계가 말했다.

"나는 어쩐지 남에게 욕만 먹고 있습니다."

맹자께서 말씀하셨다.

"걱정할 것 없다. 선비란 많은 사람에게 미움을 사는 법이오(끝까지 정의를 주장하기 때문에). 시경에 말하기를, '항상 걱정만 해서 즐겁지 못하도다. 뭇소인들의 원망 때문에'라고 하였소. 그것은 공자의 경우에도 마찬가지요. 그리고 '소인들의 원망을 없앨 수는 없지만, 그렇다고 내 명성을 떨어뜨릴 까닭도 없네' 하였는데, 이것은 문왕의 경우에 알맞는 말일 것이오(공자와 문왕도 남의 욕을 먹었으니 너무 걱정할 것 없다)."

原文

貉稽曰稽大不理於口 孟子曰 無傷也 士憎玆多口 詩云 '憂心悄悄 慍于群小' 孔子也 '肆不殄厥慍 亦不隕厥問' 文王也

盡心章句 下 20

맹자께서 말씀하셨다.

"옛날의 어진 자는 우선 덕을 닦아서 자기의 밝은 덕으로 남을 인도하여 밝게 만들었다. 그러나 오늘의 어진 자는 그 덕을 닦지 않고 자기의 어두운 것을 가지고 남을 인도하여 밝게 하려고 한다."

原文

孟子曰 賢者 以其昭昭使人昭昭 今以其昏昏使人昭昭

盡心章句 下 27

맹자께서 말씀하셨다.

"백성들에게 부과된 세금에는 포루(布縷)의 정(征)과
속미(粟米)의 정과 역역(力役)의 정이 있다. 군자는 그
하나를 쓰고 둘을 늦춘다. 둘을 한꺼번에 쓰면 백성이
굶어죽는 일이 생기고, 셋을 한꺼번에 쓰면 부자(父子)
가 이산된다."

原文

孟子曰 有布縷之征 粟米之征 力役之征 君子用其一緩
其二 用其二而民有殍 用其三而父子離

盡心章句 下 29

분성괄(盆成括)이 제나라에 벼슬하였는데 이것을 듣
고 맹자께서 말씀하셨다.

"그 사람은 죽음을 당할 것이다."

그 뒤 분성괄은 과연 죽음을 당했다. 문인이 물었다.

"선생님께서는 그 사람이 꼭 죽을 것을 어떻게 아셨
습니까?"

맹자께서 말씀하셨다.

"그는 사람됨이 작은 재주는 있어도 아직 군자의 대
도(大道)인 인의를 배우지 못했다. 그래서 작은 재주를

믿고 무리하게 일을 하다가 자기 몸을 죽이게 된 것이
다."

原文

　盆成括仕於齊　孟子曰死矣盆成括　盆成括見殺　門人問
曰　夫子何以知其將見殺　曰其爲人也小有才未聞君子之大
道也　則足以殺其軀而已矣

大　學

1 君子政治

공자의 예악정치(禮樂政治)나 맹자의 왕도정치(王道
政治)나, 그 정치의 목적은 위정자가 성인(聖人)이나
군자인 것을 기대하는 데에 있다. 이런 주의는 맹자에
의해서 나타난 순자의 경우도 마찬가지다. 순자는 공자
의 예악정치를 신봉하여 인간의 본성은 악하기 때문에
이것을 단속하고 선도하는 데는 예의와 음악을 기초로
하는 교화가 필요하다고 했다. 따라서 정치란 역시 민
중을 교도하는 길 이외에는 없기 때문에 왕이 되는 자
는 성인이나 현자여야 한다고 생각했다.

이 순자의 문하에서 나온 한비(韓非)나 이사(李斯)는
스승의 학설을 일변해서 법률에의 편중·상벌 만능의
정치론을 제창했다. 그들에 의하면 정치는 위정자 개인
의 선악이나 우열에 불구하고 치적을 올리지 않으면 안
된다. 군주나 재상의 개인적인 선악에 의뢰하는 따위의
정치설은 원칙적인 방침으로 삼을 수 없다. 정치의 근
본은 법률에 의한 상벌의 시행이다. 정치란 상벌의 규
정만 정확하다면 위정자는 어떤 사람이든 간에 치적을
제대로 유지할 수 있다. 도덕정치란 고대의 도의일 뿐,
현대에는 통일되지 않는다. 공맹(孔孟)의 정치론은 시
대 착오이다.—이렇게들 말하고 있다. 이것이 바로 한

비나 이사의 견해다.

그러나 정치의 방법 그 자체의 진보에 대해서 생각해 보면 고대로 거슬러 올라갈수록 그 방법은 간소하다. 법률보다도 도덕이나 사회 관습에 의존하는 점이 많았다. 이것이 시대를 지낼수록 법치적(法治的)이 되어 규칙이나 제도가 앞장 서서 도덕이나 관습을 도외시하게 되었다.

그러므로 공자나 맹자가 열심히 제창한 도의적 정치에도 불구하고 주말로부터 진한(秦漢)으로 내려오면서 정치의 실제 문제나 정치 사상에 있어서 모두 법치주의가 덕치주의(德治主義)를 능가하는 경향을 띠게 된 것은 자연스러운 이치라 하겠다.

그러나 유가나 유교사상을 존중하는 자는 이러한 자연적인 경향에 저항해서 정치는 도덕적이어야 하고, 위정자는 군자여야 한다고 사뭇 주장하고 있다. 한나라 초기에는 육가(陸賈)가 〈신어(新語)〉를 지었고, 가의(賈誼)는 〈신서(新書)〉를 지어서, 다함께 '진조(秦朝)는 패도(覇道)에 의하여 법률 만능주의를 과신했기 때문에 멸망했다'는 예를 들어서 인의와 예악의 정치를 크게 제창하여 천자나 대신들에게 경고했다.

여기에 소개하는 ≪대학(大學)≫도 역시 정치의 법치주의화 경향에 반대하여 덕치주의 입장에서 저항사상을 주장한 하나의 표현이다.

이것은 실은 ≪예기(禮記)≫에 있는 대학편으로서 이

글은 학문의 목적과 정치의 이상과의 상호 관계를 설명하고 나아가서 정치는 윤리적이어야 한다는 점과 위정자는 반드시 군자여야 한다고 강조했다. 이것은 어디까지나 공자적인 정치관을 발양한 것이다. 하지만 그 발상이 원대해서 기술이 자못 논리적이요, 조직적인 정치 철학의 이론인 점에 있어서는 오히려 논어와 맹자의 덕치론보다도 훨씬 진보된 자취를 보여주고 있다.

그래서 후세에 이르러 송나라 주자(朱子)가 이 ≪대학≫과 뒤에 있는 ≪중용(中庸)≫을 뽑아 내어 논어·맹자와 함께 사서라고 규정했던 것이다. ≪대학≫은 유가 정치론의 고대 부분의 총괄적인 업적으로서 유교에 있어서의 가장 기본적인 고전이라 할 수 있다.

2 大學之道

유가의 과거 교육 제도의 구상을 보면 초중등 교육을 소학(小學)이라 하여, 禮樂射御書數 등의 기본적 교양을 가르쳤다. 소학은 중앙이나 지방을 통해서 많이 설치되었다. 그러나 중앙에는 대학을 세워서 여기에서는 전문적인 경학(經學) 이외에 차원 높은 윤리설과 정치론을 강구하게 했다. 이런 교육은 모두 군자 양성을 목적으로 했다. 하지만 특별히 대학은 위정자가 될 수 있는 학식과 품성을 갖춘 군자의 육성을 기하는 기관이었다.

이 ≪대학≫의 저자는 군자의 최고 교육인 대학의 목적을 '明明德·新民·止於至善' 세 조목에 두었다. 이것을 후세의 주자학(朱子學)에서는 '대학의 3강령'이라고 한다. 각 조목의 취지는 대략 아래와 같다.

'明明德'—명덕(明德)이란 순량하고 명랑한 덕성으로서 맹자가 성선설에서 말한 양지양능(良知良能)이다. 위정자는 만민의 생활 조건을 보다 양호하게 만드는 것에 노력하고, 사람마다 천부(天賦)의 명덕을 망각하는 일이 없이 더욱 연마하여 양지양능을 발휘하고, 착한 행동을 행하는 사람이 되도록 교도하는 것, 이것이 백성을 다스리는 제1의 목표이고, 이것을 달성하기 위한 방법이 대학에 있어서의 정치학이다.

'新民'—사람의 성품은 선량하지만 반면에 또 현실에 집착해서 진보의 의욕을 상실하기가 쉽다. 여기에서 위정자는 항상 이상을 좇아, 사회 문화 정도의 향상, 국민 생활 정도의 향상을 지시하여, 사람들이 모두 옛 습관에 젖지 말고 날로 청신한 기분으로 생산에 힘쓰고 맡은 바 임무에 충실하도록 교도한다.

이것이 백성 다스리는 제2의 목표요, 여기에 관한 강구가 바로 대학에 있어서의 정치학이다.

'止於至善'—이것은 정치의 최종 목표다. 그러나 실은 이야말로 처음부터 멀리 바라던 최종의 목표이다. 여기에 도달한다는 것은 현실적으로는 이루어질 수 없지만 그래도 도달할 것을 기약하고 게으르지 않는 것이 위정자의 가장 중요한 의무요 사명이다.

이 '至善' 즉 이상적인 경지, 이상 사회에 대한 설계, 검토, 사고 등은 대학에 있어서의 제3의 과제다. 이것은 제1·2를 거쳐서 항상 부지런히 강구되는 과제이다.

위에 말한 세 가지 강령을 나타내기 위해서 저자는 다음과 같이 말했다.

古之欲明明德於天下者 先治其國 欲治其國者 先齊其家 欲齊其家者 先修其身 欲修其身者 先正其心 欲正其心者 先誠其意 欲誠其意者 先致其知 致知 在格物 物格而後 知至 知至而後 意誠 意誠而後 心正 心正而後 身修 身修而後 家齊 家齊而後 國治 國治而後 天下平

'격물·치지'란 물건과 일의 진상을 파악하여 정확한

지식을 얻는다는 뜻이다.

'성의'란 자기 의식을 명확히 하는 것. 여기에는 격물 ·치지에 의한 사물의 인식이나 지식이 필요하다.

'정심(正心)'이란 뜻의 행방을 공정하게 갖는 것, 이러기 위해서는 우선 성의가 필요하다. 자기 의식이 명확하고 안정되지 않으면 목적의 지향을 집중시킬 수가 없다.

'수신'이란 몸의 위의(威儀)를 엄정하게 하고 언행을 신중하게 하는 것으로서 이러기 위해서는 정심을 필요로 한다. 지향하는 바가 공정하지 않고서는 일신을 검속(檢束)할 수가 없다.

'제가'란 가장으로서 가족 친족을 통제하여 평화롭게 하는 것이다. 자기 한 몸을 검속하여 스스로 모범을 보이지 않고서는 한 집안을 통제할 수 없다. 가장된 사람의 이러한 마음가짐은 보통 5, 6명 세대를 가진 가정에도 해당되는 말이지만 여기에서 문제삼고 있는 고대 중국의 가정은 형제·자매·숙질·내외·종형제들을 포함한 대가족이다. 그래서 이러한 가정의 가장 노릇을 하기 위해선 인간 관계의 통제 이외에 재산 관리나 대외 사교 관계까지도 처리해야 한다. 따라서 이 제가는 참으로 쉽지 않은 과제이다.

그러므로 이 제가가 잘 되고 보면 군주나 대신으로서 한 나라의 정치를 할 수가 있고 국정이 잘 처리되어 치적이 크게 이루어지면, 최후에는 천자나 재상으로서 천

하를 다스려 자기의 큰 포부를 향하여 만민을 모두 태
평 안락하게 해 줄 수 있다. 이것이 바로 '治國·平天下'
이다. '平天下'가 바로 '明明德'인 것이다. 이 明明德의
목표에 도달하면, 그때에는 '新民'의 목표가 있고, 새로
'止於至善'의 최종 목표가 있다. 이것은 이미 '物格致知'
로부터 시작하여 학문과 실천 등의 모든 계정(階程)을
규제하고 있기 때문이다.

3 修己治人

위에 말한 학문론을 요약한다면,

'학문은 소학과 대학을 통하여 우선 군자가 자기 자신을 도야하여 우수한 지도자가 되는 준비를 갖춘 뒤에 남을 가르치고 천하를 다스리기 위한 것이다.'

라는 말이 된다. 그러므로 유가는 '이 ≪대학≫에서 말한 최고의 학문이란 자기 몸을 닦고 그런 뒤에 남을 다스리는 도인 것이다'라고 말한다.

따라서 ≪대학≫의 취지를 말하자면, 최고의 학문은 윤리학 또는 정치학이다. 그리고 정치적 실천은 군자가 모든 사업에 우수하다는 말이 된다. 그러나 유가 교육의 최대 안목은 공자 이래로 군자를 양성하는 일에 있었다. 그런데 이 군자란 바로 귀인이나 지도자이다. 정치야말로 그 사명이고 따라서 군자의 학문의 그 최종 과정이 윤리학이나 정치학이라는 것은 당연하다 할 것이다.

현대에 있어서 위에 말한 학문관을 비판하자면 물론 그 정치·윤리에의 편향이라는 것이 지적될 것이다. 그러나 취지는 결코 현대에 있어 무가치한 것만은 아니다.

지식인은 자기의 능력을 증대시키고 지위를 높이는 데 따라서만 반드시 남을 다스리는 책임까지도 부여된다. 그런데 이런 경우에 자기 몸을 닦는 '수기(修己)'가 되지 않고서는 도저히 '치인(治人)'을 할 수 없다. 이수기 수기(修己)는 간단한 한 가지 재주나 한 가지 능한 것을 이루었다고 해서 이루어지는 것은 아니다. 이것은 전인격적인 수양을 필요로 한다.

즉, 이 '수기치인(修己治人)'의 길이라는 것은 그 치인(治人)의 범위에 대소의 차이는 있다고 하지만 사회의 모든 사업 장소에서 항상 군자의 과제가 된다.

손문은 그가 제창한 삼민주의(三民主義) 제1장의 '민족주의(民族主義)' 속에서 이 ≪대학≫의 강령을 인용하여 다음과 같이 말했다.

"이것은 지극히 체계적인 정치철학이다. 다른 나라의 대정치가들 중에서도 이러한 견식에 도달한 사람은 일찍이 없다. ≪대학≫의 학설은 우선 개인을 내면에서 개발하여 그 능력을 밖으로 발휘시켜서 '평천하(平天下)'에 이르게 한다는 것이다. 이제 우리들은 선배들이 남긴 이 뛰어난 교훈을 그저 입에 발린 말로 할 것이 아니라, 확실히 실행해 나가지 않으면 안 된다."

이상으로 ≪대학≫ 3강령·8조항에 대한 어설픈 해설이나마 끝맺기로 한다.

經 文

　대학의 도는 명덕(明德)을 밝히는 데 있고, 백성을 새롭게 하는 데 있으며, 지선(至善)에 머무름에 있다. 머무를 데를 안 뒤라야 정함이 있고, 정함이 있은 뒤에라야 동요되지 않을 수 있으며, 동요되지 않은 뒤에라야 안존할 수 있다. 안존한 뒤에라야 생각할 수 있으며 생각한 뒤에라야 얻을 수 있다. 사물에는 본말이 있고, 일에는 시종이 있으니 먼저 하고 나중에 할 바를 알면, 곧 도에 가까워질 것이다. 옛날부터 명덕을 천하에 밝히려는 자는 먼저 그 나라를 다스렸고, 그 나라를 다스리려는 자는 먼저 그 집안을 바로잡았으며, 그 집안을 바로잡으려는 자는 먼저 그 몸을 닦았고, 그 몸을 닦으려는 자는 먼저 그 마음을 바르게 했으며, 그 마음을 바르게 하려는 자는 먼저 그 뜻을 성실하게 하였고, 그 뜻을 성실하게 하려는 자는 먼저 그 앎을 지극히 하였으니, 앎을 지극히 함은 사물을 구명함에 있다.

原文

　大學之道 在明明德 在親(新)民 在止於至善 知止而後有定 定而後能靜 靜而後能安 安而後能慮 慮而後能得 物有本末 事有終始 知所先後則近道矣 古之欲明明德於天下

者先治其國　欲治其國者先齊其家　欲齊其家者先脩其身　欲
脩其身者先正其心　欲正其心者先誠其意　欲誠其意者先致
其知　致知在格物……

傳　文

1　明明德

강고에 말하기를,

'훌륭히 덕을 밝힐 수 있다.'

했고 태갑에 이르기를,

'이 하늘의 밝은 명을 지켜보라.'

했으며 제전에서는

'훌륭히 큰 덕을 밝힐 수 있다.'

하였다. 모두 스스로를 밝히는 것이다.

原文

康誥曰 克明德 太甲曰 顧諟天之明命 帝典曰 克明峻德
皆自明也

2　新　民

탕왕이 반명(盤銘)에 이르기를,

'진실로 하루를 새롭게 할 수 있거든, 날마다 새롭게
하고 또 날로 새롭게 하라.'

하였고 강고에는,

'새로워지는 백성을 진작시킬 것이다.'

하였다. 시에서는 말하기를,

'주(周)가 비록 오랜 나라이나, 천명(天命)은 새로운 것이다.'

이라 했다. 그러므로 군자는 그 극(極＝至善)을 쓰지 않는 바 없다.

原文

湯之盤銘曰 苟日新日日新又日新 康誥曰 作新民 詩曰 周雖舊邦其命維新 是故君子無所不用其極

3 止於至善

시에 읊었다.

'경기(京畿) 땅 천리여

백성들 머무는 곳이로세'

또 읊기를

'조그만 저 꾀꼬리도

숲 우거진 멧부리에 머물렀도다'

했는데, (이에 대하여) 공자께서 말씀하셨다.

"머무는 데 있어 그 머무를 곳을 아는 네 사람으로서 새만도 못해서야 되겠는가."

原文

詩云 邦畿千里 惟民所止 詩云 緡蠻黃鳥 止于丘隅, 子
曰 '於止知其所止 可以人而不如鳥乎'

7 本 末

공자께서 말씀하셨다.

"송사(訟事)를 듣고 판단하는 일은 나도 남에 못지
않으나, 송사 같은 것은 일어나지 않게 하고 볼일이다."

내실(內實)이 없는 자가 거짓 변설을 다하지 못함은
민의(民意)를 두려워하는 까닭이다. 이를 일러 근본을
아는 것이라 한다.

원문

子曰 '聽訟吾猶人也 必也使無訟乎' 無情者不得盡其辭
大畏民志 此謂知本

8 格物致知(補亡章)

이른바 앎을 극진히 하여 사물을 구명함에 있다는 것
은 나의 앎을 극진히 하려면 사물에 부딪혀 그 이치를
궁구함을 말한다. 인간 마음의 영명(靈明)함에 앎이 없
을 수 없고, 천하만물에 이치가 없는 것이나 오직 그
이치에 다 미치지 못함이 있어, 그 앎에 다하지 못함이
있는 것이다.

이로써 대학은 처음 가르침에 반드시 배우는 자로 하여금 무릇 천하의 사물에 부딪혀 이미 알고 있는 이치에 근거하여 더욱 추구해 들어가 궁극에 이르도록 하는 것이니 오랜 노력 끝에 일단 환히 꿰뚫게 되면 모든 사물의 겉과 속, 자세한 것과 엉성함이 드러나고 내 마음 전체의 큰 쓰임이 밝혀지게 된다. 이를 일러 사물의 구명이라 하고 이를 일러 앎의 지극함이라 한다.

原文

所謂致知在格物者 言欲致吾之知在卽物而窮其理也 蓋人心之靈莫不有知 而天下之物莫不有理 惟於理有未窮故其知有不盡也 是以大學始敎 必使學者卽凡天下之物 莫不因其已知之理而益窮之 以求至乎其極 至於用力之久而一旦豁然貫通焉 則衆物之表裏精粗無不到 而吾心之全體大用無不明矣 此謂物格此謂知之至也

9 誠 意

이른바 그 뜻을 성실하게 함은 스스로를 속이지 않는 것이니 마치 악취를 싫어하듯, 마치 여색을 좋아하듯 하는 것이니 이를 일러 자겸(自謙)이라 한다. 그러므로 군자는 반드시 내면의 깊은 곳에서부터 삼가한다.

原文

所謂誠其意者毋自欺也 如惡惡臭如好好色 此之謂自謙

故君子必愼其獨也

13 正心修身

이른바 몸을 닦으면 마음을 바르게 할 수 있다는 것은 마음에 노여워하는 바가 있으면 바름을 얻지 못하고, 두려워하는 바가 있으면 바름을 얻지 못하며, 좋아하는 바를 두어도 바름을 얻지 못하고, 걱정하는 바를 두어도 바름을 얻지 못한다. 마음이 없으면 살펴도 보이지 않고 들어도 들리지 않으며 먹어도 맛을 모르니, 이를 일러 몸을 닦으면 마음을 바르게 할 수 있다는 것이다.

原文

所謂脩身在正其心者 身(心)有所忿懥則不得其正 有所恐懼則不得其正 有所好樂則不得其正 有所憂患則不得其正 心不在焉視而不見 聽而不聞 食而不知其味 此謂脩身在正其心

14 修身齊家

이른바 그 집안을 바로잡음이 몸을 닦음에 있다는 것은 사람이란 친하고 사랑하는 데서 편벽이 되고, 천시하고 미워하는 데서 편벽이 되며, 어려워하고 공경하는

데서 편벽되고, 애처롭고 불쌍히 여기는 데서 편벽되
며, 오만하고 게으른 데서 편벽된다. 그러므로 좋아하
되 나쁜 점을 알고, 미워하되 좋은 점을 알아보는 사람
은 세상에 드물다. 그래서 속담에도 말했다. '사람들은
제 자식 그른 것을 모르고, 제 곡식 싹이 큰 줄을 모른
다.' 즉 몸을 닦지 않으면 그 집안을 바로잡을 수 없다
는 것이다.

原文

　所謂齊其家在脩其身者　人之其所親愛而辟焉　之其所賤
惡而辟焉　之其所畏敬而辟焉　之其所哀矜而辟焉　之其所敖
惰而辟焉　故好而知其惡　惡而知其美者　天下鮮矣　故諺有
之曰人莫知其子之惡　莫知其苗之碩　此謂身不脩不可以齊
其家

15　齊家治國

　이른바 나라를 다스리는 데 있어서, 언제고 집안을
바로잡는다는 것은 제 집안을 가르치지 못하고 남을 가
르칠 수 없기 때문이다. 그러므로 군자는 집을 나서지
않고서도 나라 안의 교화를 이룰 수 있으니, 효(孝)는
임금을 섬기는 길이요, 제(悌)는 윗사람을 받드는 길이
요, 자(慈)는 무리에 통하는 길이다.

　강고에 말했다.

'갓난 아기 돌보듯 하라.'

마음으로 정성껏 구한다면 비록 맞추지는 못한다 할
지라도 멀지는 않을 것이다. 아이 기르기를 배운 뒤에
시집갔다는 사람은 아직 없다.

原文

所謂治國必先齊其家者 其家不可教而能教人者無之 故
君子不出家而成教於國 孝者所以事君也 弟者所以事長也
慈者所以使衆也 康誥曰如保赤子 心誠求之雖不中不遠矣
未有學養子而后嫁者也

18 治國平天下

이른바 천하를 화평하게 함이 그 나라를 다스림에 있
다는 것은 위에 있는 이가 늙은이를 늙은이로 섬기면
백성들 사이에 효(孝)가 일어나고, 위에 있는 이가 어
른을 어른으로 받들면 백성들 사이에는 공경심이 피어
날 것이며, 위에 있는 이가 외로운 사람들을 감싸고 불
쌍히 여기면 백성들도 외면하지 않을 것이니, 이러므로
군자는 혈구지도(絜矩之道)를 지닌다.

原文

所謂平天下在治其國者 上老老而民興孝 上長長而民興
弟 上恤孤而民不倍 是以君子有絜矩之道也

中　庸

1 중용의 덕

주자(朱子)는 ≪대학≫과 함께 ≪중용(中庸)≫을 ≪ 기(禮記)≫ 속에서 뽑아 내어 독립된 경서로 만들었다. 이렇게 할 만한 확실한 가치를 이 책은 가지고 있기 때문이다.

이 ≪중용≫은 논어나 맹자의 문장에서는 볼 수 없는 체계적인 도덕론이 실려 있다. 그리고 일찍이 맹자가 제창한 성선설을 이론적으로 잘 기술하여 고대 유교의 도덕론에 완결을 맺어 놓았다. 또한 ≪중용≫의 논설은 도덕의 실천에 관해서는 '중용'의 덕을 강조하고 있기 때문에 이것이 그대로 책 이름이 된 것이다. 그러나 이 글이 전체적으로 중용만을 주제로 삼은 것은 아니다.

다음에 그 예를 들어본다.

'天命之謂性 率性之謂道 脩道之謂教'
'誠者 天之道也 誠之者 人之道也'
'自誠明 謂之性 自明誠 謂之教 誠則明矣 明則誠矣'

위의 3장은 내용이 비슷하다. 이것은 어느것이나 모두 천성과 도덕과 학문, 교육 사이의 관계를 규정지은 것이다.

'만일 사람의 성품이 하늘이 부여한 것으로서 본질적으로 선량하고 성실한 것이라면, 어떤 학습이나 교육을 기다리지 않고도 사람은 자연히 선량하고 성실하게 행동할 것이 아닌가? 맹자는 사람의 천성을 방해하는 것은 인간 내부에 있는 관능적인 욕망과 외부 생활조건의 불비(不備)에 있다고 주장했다. 그러나 만일 이런 것들에 방해되어서 발동되지 못할 만큼 빈약한 능력의 것이라면, 특별히 사람의 성품을 선량하다고는 할 수 없지 않은가'

이러한 의문은 성선설에 대해서 제기된다.

여기에서 ≪중용≫은 사람의 성품은 본래부터 선량하고 성실할 뿐만 아니라 사람은 그 본성를 자각하고 양심에 따라서 판단하고 행동하는 것이라고 말하지 않고,

'사람의 성품은 착하다. 이것은 인간의 존재에 있어 필연적인 것이지만 사람이 그 본성을 자각하도록 교도하는 것이나, 또 사람이 그 교도를 받아서 선량하고 성실한 사람이 되도록 학습하는 것은 사람의 당연한 의무다.'

라고 설명했다.

이리하여, '도덕은 당연·당위의 것 즉 당연히 그렇게 해야 할 것으로서 사회적으로 요청되어 있는 것이다'라는 발상(發想)을 보여주고 있다. 이것이 이 ≪중용≫이 차지하는 유교 사상의 진보적인 지위이다.

≪중용≫에 의하면 하늘의 도는 필연의 것, 사람의 도는 당위의 것'이라고 분별되어 있다. 오직 성인이나 현자나 천재이기 때문에 교도나 학습을 기다리지 않고 서도 자기의 천분(天分)을 자각하여 이를 발휘할 수 있 다. 그러나 대다수 일반 사람들은 자각하는 단계가 모 자라기 때문에 상당한 교도나 학습을 겪지 않고서는 선 량하고 성실한 성품을 발휘할 수 없다는 것이다.

이런 설명에 대해서는 다음 문장에 뚜렷이 나타나 있다.

'誠者 不勉而中 不思而得 從容中道 聖人也 誠之者 擇 善而固執之者也'

'……人一能之 己百之 人十能之 己千之 果能此道矣 雖愚必明 雖柔必强'

'或生而知之 或學而知之 或因而知之 及其知之一也'

'或安而行之 或利而行之 或勉强而行之 及其成功也 一 也'

위의 글을 보면 대체로 사람의 성능에는 세 가지 등 급이 있다.

제1급은 물론 성현, 이는 애써 학문을 하지 않고서도 진리를 깨달아 편안히 아무 의문이나 곤란 없이 착한 일을 행할 수 있다.

제2급은 수재로서 학문을 좋아하고 모든 어려움을 능가하여 착한 일을 행한다.

제3급은 보통 인물들 중 노력하는 사람이다. 이들은 내면적으로나 외면적으로 모든 장해와 싸우면서 학문하고 수양해서 크게 노력하여 착한 일을 행한다.

그러나 천재든 아니든간에 도달할 수 있는 착한 일은 모두 동일하다는 것이다. 하지만 사람의 성품이 착하고, 도덕을 당위의 일로 알아서 배우고 노력한다 하더라도 현실적으로 착한 일을 행한다는 것은 반드시 용이한 일은 아니다. 이에 대하여 《중용》에서는, '그것은 사람들이 중용을 소중히 여기지 않기 때문이다' 라고 말했다.

'많은 사람들이 바른 도를 깨닫지 못하고 착한 일을 행하지 못하는 이유를 나는 안다. 머리가 좋은 사람들은 이것을 지나치게 어렵다고 생각하고, 머리가 나쁜 사람들은 이것을 올바로 생각할 줄 모른다. 바른 도나 착한 일은 머리가 좋고 나쁜데 관계가 없다. 이것은 대다수의 사람이 이해할 수 있고, 실천할 수 있는 것이다. 마치 음식을 먹는 사람은 많아도 그 참맛을 아는 사람이 적듯이 바른 도와 착한 일을 보고 들을 기회는 많으면서도 사람들은 이것을 확실하게 인식하지 못하기 때문이다.'

이렇게 공자는 《중용》에서 설명하고 있다. 공자의 말에는 다시 이런 구절도 있다.

'군자가 추구하는 진리나 착한 것은 지극히 명백하여 일상적인 문제에 관한 것도 있지만 지극히 은미(隱微)해서 비실제적인 문제에 관한 것도 있다. 그러므로 문제에 따라서는 평범한 남녀가 잘 알 수 있는 것도 있고, 또는 아무리 총명한 사람도 알 수 없는 것이 있다. 실천에 있어서도 마찬가지다. 진리나 착한 일에도 원대한 문제에 관한 것과 극히 비근한 문제에 관한 것이 있다. 군자는 실제생활을 하는데 너무 원대한 데로 치우치지도 않고 너무 비근한 데로 치우치지도 않는다. 중간의 타당한 기준을 잡아서 많은 사람의 품성과 교양을 높이는데 있어 되도록이면 알기 쉽고 행하기 쉽게 공부하는 것이다.'

'중용의 덕이란 생각할수록 중요하다고 생각되지만, 사람들은 좀처럼 중용을 지키지 않는다.'

'정도(正道)를 행한다고 하면서, 너무 인정(人情)에서 동떨어진 행동을 한다면 이것은 정도라고 할 수 없다. 정도란 인정에 가까운 것이다. 가령 부모를 섬기려면, 내 자식들에게 어떻게 해주기를 바라는가를 생각하면 된다. 임금을 섬기려면, 내 밑에 있는 사람들에게 어떻게 해주기를 바라는가 하는 것을 생각하면 된다. 이렇게 하면 중용을 벗어나지 않게 된다.'

이와 같이 ≪중용≫은 중용을 중시하고 그 외에 여기에 관한 교훈을 거의 모두 공자의 말을 인용해서 기록해 놓았다. ≪중용≫을 ≪논어≫와 비교해 보면 공자는 크게 중용을 존중했다는 것을 알 수가 있다.

더욱이 이 ≪중용≫의 내용은 지(知)·인(仁)·용 (勇) 세 덕의 관계라든가 효의 문제, 예악(禮樂)과 정 치에 대한 문제 등 다방면에 걸쳐져 있다. 하지만 그 도덕론의 요지는 대개 위에서 언급되었다.

2 중용의 구성

《중용》은 원문의 서문 첫머리에 보면, '자사가 도학이 전해지지 못할까 걱정하여 지은 것이다.' 했다.

또 〈공자세가〉나 《한서(漢書)》 〈예문지(藝文志)〉에도 자사가 지은 것이라고 명백히 씌어져 있다. 그러나 송나라 구양수(歐陽脩)·진선(陳善) 등의 송나라 대옹(戴顒)의 저작이라는 고증학적인 이설도 있다.

이 이설과는 달리, 《중용》을 예기에서 뽑아 내어 독립시킨 것이 대옹이라는 주장이 옳을 것이다. 대옹은 이밖에 《중용전(中庸傳)》 2권을 저작했다고 하는데 지금은 전해지지 않는다. 양나라 무제때 이르러 《중용강소(中庸講疏)》 1권, 《사기제지(私記制旨)》, 《중용의(中庸義)》 5권을 저작했으나 역시 전하지 않는다.

당나라에 이르러 이상(李翔)의 복선설(復善說)이 나왔다. 이것은 《중용》의 주소(注疏)라고 할 만하다. 이상은 또 중용설(中庸說)도 저작했다.

다시 송대에 이르러서는 호원(胡瑗)·진양(陳襄)·여상(餘象)·교집중(喬執中)·사마광(司馬光)·장방평(張方平)·요자장(姚子張)·범조우(范祖禹) 등이 각각 강의나 또는 논설을 지었다. 특히 범중엄(范仲淹)은 이것을 장횡거(張橫渠)에게서 배웠다.

정자(程子)에 이르러 ≪중용≫은 ≪대학≫·≪논어≫·≪맹자≫와 함께 사서(四書)로 뽑혔고, 다시 주자가 여기에 장구를 씀으로써 널리 세상에 알려지기 시작했다. 주자가 ≪중용장구(中庸章句)≫를 쓴 것은 남송(南宋) 순희 16년, 즉 서기 1185년의 일이다.

이 ≪중용장구≫는 각각 견해에 따라서 일정하지 않다. ≪예기≫ 속의 ≪중용≫은 33절로 나뉜 것을 정자는 이것을 고쳐서 37절로 나누었고, 다시 주자가 33장으로 분류했다.

그러나 이것은 반드시 고본과 똑같지 않다. 전한서〈예문지〉에는 중용설 2권으로 되어 있고 사고주(師古注)에는 중용 1편이라고 했다.

송나라 왕백(王栢)은 ≪정고중용(訂古中庸)≫ 2권을 저술하여 주자장구(朱子章句)의 21장 이하는 성명서(誠明書)라고 했다. 이밖에도 송나라 조열지(晁說之)·여입무(黎立武), 명나라 양수진(楊守陳)·관지도(管志道)·주종룡(周從龍) 등이 각각 뜻을 가지고 이것을 분류했다.

이 ≪중용≫ 제1장은 순전한 자사의 성(性)·도(道)·교(敎)에 대한 총론이요, 제2장부터는 공자의 말 이외에도 또 ≪시경≫ ≪서경≫에서 여러 말을 인용해서 제1장의 뜻을 부연하여 설명했다. 우리나라에서도 명종때 회재(晦齋) 이언적(李彦迪)의 ≪중용구경연의(中庸九經衍義)≫가 있고, 선조때는 왕명으로 경연(經筵)에서 ≪중용언해(中庸諺解)≫를 편찬하기도 했다.

중 용

天과 人에 대하여

하늘이 명하신 것을 일러 성(性)이라 하고, 성에 수반하여 따르는 것을 일러 도(道)라 하며 도를 마름하는 것을 일러 교(敎)라 한다.

原文

天命之謂性 率性之謂道 脩道之謂敎

도는 한시도 떨어질 수 없는 것이니, 떨어질 수 있으면 도가 아니다. 그래서 군자는 그 보이지 않는 데를 삼가하고 그 듣지 못하는 바를 두려워한다.

原文

道也者不可須臾離也 可離非道也 是故君子戒愼乎其所不睹 恐懼乎其所不聞

숨겨진 곳보다 더 드러나는 곳은 없고 미세한 일보다 더 뚜렷해지는 일이 없으므로 군자는 그 내면적 진실을 삼가한다.

原文

莫見乎隱 莫顯乎微 故君子愼其獨也

中和에 대하여

희로애락이 발(發)하지 않는 상태를 중(中)이라 하고, 발하여 고루 다 절도에 맞음을 화(和)라고 한다. 중은 천하의 큰 근본이요, 화는 천하에 통하는 도이다.

原文

喜怒哀樂之未發謂之中 發而皆中節謂之和 中也者天下之大本也 和也者天下之達道也

중화(中和)의 덕을 극진히 하면 천지가 자리하며 만물이 길러진다.

原文

致中和天地位焉萬物育焉

〈右第1章〉

中庸의 道

중니께서 말씀하셨다.
"군자는 중용을 몸소 행하고, 소인은 중용을 하지 못

한다."

原文

仲尼曰 君子中庸 小人反中庸

"군자의 중용은 군자로서 때에 따라 중(中)에 처함이요, 소인의 중용은 소인으로서 거리낌이 없는 것이다."

原文

君子之中庸也君子而時中　小人之中庸也小人而無忌憚也

〈右第2章〉

過, 不及에 대하여

공자께서 말씀하셨다.

"도가 행해지지 못함을 내가 알겠다. 총명한 자는 지나치고 우매한 자는 모자라는구나. 도가 밝혀지지 않음을 내가 알겠다. 어진 자는 지나치고 못난 자는 미치지 못하는구나."

原文

子曰 道之不行也我知之矣　知者過之愚者不及也　道之不明也我知之矣 賢者過之不肖者不及也

"사람이 너나없이 먹고 마시지만 진실로 맛을 아는 이 드물다."

原文

人莫不飮食也鮮能知味也

〈右第4章〉

중용의 어려움

공자께서 말씀하셨다.

"천하나 국가를 고르게 다스릴 수 있고, 작위나 녹을 사양할 수도 있으며, 시퍼런 칼날도 밟을 수는 있으나 그러나 중용에 능할 수는 없다."

原文

子曰 天下國家可均也 爵祿可辭也 白刃可蹈也 中庸不可能也

〈右第9章〉

忠·恕에 대하여

충(忠)과 서(恕)는 도에서 멀지 않으니, 나에게 베풀어짐을 원치 않거든 또한 남에게도 베풀지 마라.

原文

忠恕違道不遠 施諸己而不願 亦勿施於人

〈右第13章〉

군자의 처신

군자는 그 자신의 처지에 맞게 행할 뿐 그 밖의 것은 바라지 않는다.

原文

君子素其位而行 不願乎其外

부귀한 처지면 부귀하게 행하고 빈천하면 빈천하게 행하며, 오랑캐에 처하면 오랑캐로 행하고 환란에 처해서는 환란에 맞게 행한다. 이렇게 군자는 어디를 가나 자신의 본분에 맞지 않는 일은 하지 않는다.

原文

素富貴行乎富貴 素貧賤行乎貧賤 素夷狄行乎夷狄 素患難行乎患難 君子無入而不自得焉

〈右第14章〉

五達道 · 三達德 및 誠

천하의 달도(達道)는 다섯이며, 그것을 행하는 바는 셋이다. 군신・부자・부부・형제・벗의 사귐이니, 이 다섯은 천하의 달도요, 지(智)・인(仁)・용(勇), 이 셋은 천하의 달덕(達德)이니 이를 행하게 하는 바는 하나〔誠〕이다.

原文

天下之達道五 所以行之者三 曰君臣也父子也夫婦也昆弟也朋友之交也五者 天下之達道也 知仁勇三者 天下之達德也 所以行之者一也

〈右第20章〉

誠과 明에 대하여

성(誠)으로 말미암아 밝아지는 것을 성(性)이라 하고, 명(明)으로 하여 성(誠)스러워지는 것을 교(敎)라 한다. 정성스러우면 밝아지고, 밝으면 정성스러워지는 것이다.

原文

自誠明謂之性 自明誠謂之敎 誠則明矣明則誠矣

〈右第21章〉

至誠은 天地와 병립

오직 천하의 지성(至誠)이고서야 능히 그 성(性)을 다할 수 있고, 그 성을 다할 수 있으면 능히 사람의 성을 다할 수 있을 것이요, 사람의 성을 다할 수 있으면 능히 사물의 성을 다할 수 있을 것이요, 사물의 성을 다할 수 있으면 천지의 화육(化育)을 도울 수 있을 것이요, 천지의 화육을 도우면 능히 천지와 함께 병립하게 된다.

原文

唯天下至誠爲能盡其性 能盡其性則能盡人之性 能盡人之性則能盡物之性 能盡物之性則可以贊天地之化育 可以贊天地之化育則 可以與天地參矣

〈右第22章〉

無爲而化

시(詩)에 말했다. '나타나지 않은 덕이라도 수많은 제후들은 그대로 본받는다' 하였다. 그러니 군자가 돈독히 공경하면 천하가 태평해진다.

原文

詩曰 '不顯惟德 百辟其刑之' 是故君子篤恭而天下平

天에의 복귀

시(詩)에 읊기를, '내 명덕(明德)이 성색(聲色)을 크게 하지 않음을 생각하노라.' 했으니, 공자는 "성색이란 백성을 교화시킴에 있어 가장 말단이다." 하였다.

또 시에 읊기를 '덕은 가볍기 터럭 같은 것'이라 했으니, 터럭은 오히려 비교할 여지가 있으며, '상천(上天)의 일은 소리도 없고 냄새도 없다.' 했으니 이러고서야 지극하다.

原文

詩云'子懷明德 不大聲以色'子曰聲色 之於以化民末也 詩云'德輶如毛'毛猶有倫'上天之載 無聲無臭'至矣

〈右第33章〉

書　經

1 신화와 역사

최초의 우주에는 천지도 없고 해와 달도 없었다. 어
둡고 혼돈한 한 덩어리, 그것은 마치 거대한 달걀과도
같은 것이 있을 뿐이었다. 차츰 이곳에 생물이 싹트기
시작했다. 이로부터 1만8천 년이 지난 뒤에 그것은 반
고(盤古)라는 신(神)이 되었다 한다. 이 반고의 신은
이러한 암흑 속에서 움츠리고 살고 있었다 한다.

어느 날 이 알 같은 것이 갑자기 깨졌다. 그 속에 있
던 가볍고 밝은 성분은 구름이 되어 위로 날아가 하늘
이 되었다. 무겁게 흐린 성분은 밑으로 스며 굳어서 대
지가 되었다. 여기에서 자연히 반고는 일어서서 머리와
두 손으로는 하늘을 받들고 두 발로는 대지를 밟고 섰
는 모양이 되었다 한다.

우주는 급히 팽창하기 시작하여 날마다 하늘은 한 길
씩 높아지고 땅은 한 길씩 두꺼워졌다. 반고의 몸뚱이
도 차차 커져서 팽창이 1만8천 년 동안 계속되었다. 이
리하여 높고 푸른 하늘과 넓은 대지 중간에는 말로 형
용할 수 없이 큰 반고가 천지를 버티는 기둥 노릇을 하
고 있었다.

그러나 오랜 시간이 흐르자 반고는 지쳐서 대지 위에
자빠져 죽었다. 이때 대지는 이미 굳어져서 반고가 기

등 노릇을 하지 않아도 무너질 염려는 없었다.

반고가 죽자, 그의 소리는 천둥이 되고 그의 호흡은 바람이 되었다. 왼쪽 눈은 태양, 오른쪽 눈은 달이 되었다. 팔다리는 산봉우리가 되고, 그가 흘린 피는 냇물이 되었다. 이렇게 반고의 몸 전체의 각 부분은 저마다 여러 가지로 변화해서 천지 사이의 만물이 되었다.

천지가 열리고 산천초목·충어조수(蟲魚鳥獸)는 생겨났지만 아직도 인간은 나타나지 않았다. 이때 여와(女媧)라는 신이 흙을 물로 다져서 비로소 사람을 만들었다. 여러 개 인간을 만들려니 나중에는 싫증이 나서 아무렇게나 뭉쳐 놓았다. 그래서 처음에 만든 것은 상등 인간이 되고 나중에 만든 것은 하등 인간이 되었다.

이즈음 수신인 공공(共工)과 화신인 축융(祝融)이 다투다가 공공이 져서 불주산(不周山)에 가서 머리를 처박고 죽었다. 이 싸움통에 산이 갈라지고 땅이 터지고, 하늘에도 주름이 잡혔다. 여와는 이것을 모두 바로잡았다. 그러나 이때부터 하늘은 서북쪽으로 기울어졌다. 그래서 일월성신(日月星辰)은 동쪽에서 떠서 서쪽으로 넘어갔다. 또 땅은 동쪽이 얕아져서 모든 냇물은 동남쪽으로 흘러 바다를 이루게 되었다.

그 뒤 인간 생활에 문명을 갖다 주고 문화를 열어준 신은 황제·신농·복희·제곡·제준 들이다. 삼황오제(三皇五帝)라고 불리는 신들인데, 모든 영웅들이 바로 이것이다. 그리고 이중에서 가장 중요한 이가 제준이다.

제준에게는 세 아내가 있었다. 그 하나는 아황(娥皇)이라는 이로 삼신국(三身國)을 낳았다. 또 하나는 희화(羲和)로서 열 사람의 태양신을 낳았다. 또 하나는 상의(常儀)로서 이는 열 둘의 월신(月神)을 낳았다. 제준에게는 후직(后稷)·의균(義均)을 비롯하여 많은 자손들이 있었다. 이들은 인간에게 의식주를 가르쳐서 문명을 크게 진보시켰다.

이상 말한 것은 중국 고대 신화의 한 부분이다. 옛 중국에서는 이러한 기괴한 이야기는 경서(經書)에는 실리지 않았다. 이러한 신화나 전설 따위를 모은 것은 잡설이라고 취급되었다. 결국 본격적인 학문이나 교양의 대상으로 삼을 수 없는 가치가 낮은 전설로 보아 왔었다. 청나라 시인 원매(袁枚)는 ≪자불어(子不語)≫라는 저서를 냈다. 여기에는 신변괴이(神變怪異)한 이야기만이 소개되어 있다. 이 책 이름은 ≪논어≫〈술이편〉의 '子不語怪力亂神'이란 글 중에서 앞의 석 자만을 딴 것으로서 '공자에게는 미움받는 이야기뿐'이라는 뜻이다.

그러나 이러한 신화나 전설은 고대 중국 사람들이 몹시 존중히 여겼기 때문에 경서 속에 될 수 있는 대로 합리화한 형태로 신화들을 수록했던 것이다.

가령 여기에 소개하려는 삼경(三經)의 하나인 ≪서경≫은 반고나 여와의 개벽 신화들을 모두 빼버리고 순전한 인간 성현인 요순 임금의 일로부터 이야기를 시작하고 있다. 이 순임금이란 바로 신화 속의 제준이다. ≪서경≫에서 이 순은 뛰어난 성인이요, 또 큰 효자로 등장한다.

요임금은 세상을 잘 다스려서 천하가 태평했었다. 후계자를 구하는데 민간에 우순(虞舜)이라는 어진 사람이 있다고 들었다. 순은 아무것도 모르는 아버지, 잔소리 많은 어머니, 건방진 아우 등 가족을 잘 다스려서 부끄러운 소문이 밖에 나가지 않게 했다. 그 원만한 인격은 이웃에 사는 사람들을 완전히 감화시켜서 경모의 대상이 되었다.

요는 순을 불러서 내치(內治)와 외교의 요직에 두어 그의 실력을 확인한 뒤에 두 딸을 그의 아내로 보내서 섬기게 하고 이내 자기의 후계자로 정했다.

순은 천자의 자리에 나가자 모든 인재를 잘 등용해서 민치(民治)를 정돈하여 한족(漢族)의 세력 범위를 넓혔다. 특히 그는 우(禹)를 중용해서 중국의 하천을 개수하고 행정구역을 명확히 하여 구주(九州)를 설정했다. 그리고 각 주의 지리와 물산까지도 자세히 조사시켰다.

이와 같이 ≪서경≫에 나오는 순은 어진 사람이요 성왕이지만, 그는 인간임에 틀림없다. ≪서경≫의 작자들은 신화를 역사화하고 신들을 성현으로 만들어 놓았다. 이 순, 즉 준(俊)이 본래는 사회적인 존재였다는 것은 주로 ≪산해경(山海經)≫에 의해서 짐작되는 사실이지만 이밖에도 은대의 갑골문(甲骨文)을 보더라도 분명하다.

갑골문 속에서 제준〔舜〕을 가리킨 글자는 바로 순

(旬)의 원글자로서 큰 눈동자를 표시한 것 같은 모양을 갖추고 있다. 은대의 '旬'은 '놀랄 만한 거안자(巨眼者＝감독자)'를 뜻했을 것이다. 위에서 말했듯이 순은 그 아내 희화에 의해서 열 사람의 태양신을 낳았다. 하지만 이 설화의 근본은 '제준이 태양의 근원자(根源者)'라는 뜻을 보여준다. 또 '태양을 열 개나 모은 정도의 광명의 신'이라고 생각될 때, 이 제준은 순 자가 표시하는 '거안자'와 일치하게 된다. 더욱이 순이 10일을 표시하게 되면서부터는 순의 신은 바로 순을 가리키는 것으로 생각된다. 또 순의 중신(重臣) 중에 기(夔)라는 사람은 《서경》에 의하면 전악(典樂)의 책임을 맡았다고 하는데 《한비자》에는 다리가 하나뿐인 현인이 있다는 전설로 소개되어 있다. 이것으로 보아도 역시 은대의 기괴한 신이 후세에 와서는 위인·현인·성인으로 전화되었다는 것을 짐작할 수 있다.

《서경》에서는 순의 신하 중에 가장 현명하고 유능한 인물로서 순의 뒤를 이어 왕이 되었다는 우도 《서경》이 만들어지기 전의 신화 전설 속에는 동물신(動物神)으로 되어 있다. 《서경》에서 요는 천하의 홍수를 다스리기 위하여 곤(鯀)에게 그 일을 맡겼는데 곤은 이 일을 해내지 못하고 순의 대에 이르러 죄를 얻어 죽었다. 순은 다시 곤의 아들 우에게 그 일을 맡겼는데 우는 오랫동안 신고한 끝에 공을 이루었다고 했다.

그러나 《초사(楚辭)》〈천문편(天問篇)〉이나 《산

해경≫에 의하면 곤은 본래 거북의 신이요, 우는 본래
용신(龍神)으로서 이들은 모두 물을 다스렸다고 했다.
≪서경≫에서 이 둘을 부자간으로 만들어 아버지의 업
을 아들이 계승하여 이룬 것으로 만든 것은 옛 전설에
있어서의 물의 주신(主神)을 거북에서 용으로 바꾼 이
야기를 개수한 것이라고 볼 수가 있다.

2 서경의 내력과 내용

≪서경≫은

우서(虞書)	요순때의 기록
하서(夏書)	우(禹)와 하왕조(夏王朝)의 기록
상서(商書)	은왕조(殷王朝)의 기록
주서(周書)	주왕조(周王朝)의 기록

등으로 저마다의 왕조로 작성되어 있는 기록의 집대성인 모양을 취하고 있다. 하지만 최후에는 주조(周朝)의 역사가의 손에 의해서 수정되거나 보충되어 지금의 ≪서경≫의 원본이 이루어진 것이다.

그러므로 이 ≪서경≫에는 전체적으로 거의 일관하는 정치 이상 내지는 윤리관이 인정되었고 이것이 주대 이후에 있어서의 중국의 정통 사상이 되었다.

이상 ≪서경≫에 대한 추정을 염두에 두고 이 글이 가지고 있는 요·순·우·탕·문·무 등 성왕의 계보를 대충 말해 보자.

≪서경≫ 제1부는 우서다. 여기에는 요와 순에 대한 일이 기록되어 있다. 이 우서의 맨앞에서 요에 대해서 우선,

'曰若稽古帝堯 曰放勳欽明文思安安 允恭克讓 光被四表 格于上下'라고 소개되어 있다. 이것은 ≪서경≫ 첫머

리의 글로서, '옛날 일을 생각하건대 요제(堯帝) 그 이
름은 방훈(放勳), 현명하고 예의바른 사람이다. 그 덕
은 천지 사방에 퍼져 있다'는 뜻이 된다.

다음으로 요의 사위가 되어 그 뒤를 계승한 순제(舜
帝)에 대해서는,

'여기에서 옛일을 생각컨대 제순(帝舜)은 중화(重和)
라 하고, 지혜가 깊고 성질은 온화하고 독실한 인물이
었다. 그 뛰어난 덕이 천자의 귀에 들려서 그에게 명하
여 제위를 계승하게 되었다.'

했다.

순 다음에는 우가 섰다. 순에게는 어진 신하가 많았
지만, 그 중에서도 우는 하천을 개수하여 홍수를 다스
리고 구주를 경략한 큰 공이 있었기 때문에 추대되어
제위에 올랐다고 ≪서경≫에 씌어 있다. 그리고 순의
신하였던 고요(皐陶)라는 어진 이가 계속해서 우를 섬
기게 된다.

여기에서 이 고요의 정치 의견을 기록한 것을 〈고요
모(謨)〉라고 한다. 이것도 역시 우서의 1편이 되어 있
는데 다음과 같은 말이 실려 있다.

'하늘은 어떻게 위정자(爲政者)의 현우·선악(賢愚善
惡)을 보기도 하고 듣기도 하느냐 하면 그것은 만민의

보는 것, 듣는 것을 통하여 알게 된다. 또 어떻게 그 위대한 위력을 나타내느냐 하면 그것은 만민의 위력을 빌려서 나타내는 것이다. 그러므로 천자나 제후가 된 자는 하늘을 공경하고 백성을 소중히 여겨서 영토를 잃지 않도록 정치에 힘쓰지 않으면 안 된다.'

여기에서 말한, '하늘은 덕이 있는 사람에게 정치를 명하고, 악정을 하는 군주를 벌준다'고 한 그 사상과, 또는 '하늘은 인물의 유덕한지 무덕한지를 백성들의 소리에 의해서 알고, 폭군을 벌하는 데는 만민의 위력을 빌려서 한다' 는 사상, 이것들이 아마 이 ≪서경≫을 편저한 정치사상의 기본일 것이다. 그리고 이것은 아마 당시 지도적인 정치이론을 표시하는 것이기도 했을 것이다.

우서에 표시되어 있는 정치이상은 그 하나의 적극적인 전개로서 혁명의 긍정을 들 수가 있다. 즉 무도한 군주에 대해서 백성들의 신망을 얻은 현인이나 영웅이 혁명을 일으켜 새왕이 되는 것을 시인하거나 또는 창도한 것이다.

이러한 혁명사상을 표현한 최초의 글은 ≪상서(商書)≫ 〈탕서편(湯誓篇)〉에 나온다. 이것은 은나라 탕왕이 하왕을 칠 때 백성들에게 부르짖은 말이다.

'내 백성들이여! 잘 들으라. 나는 난을 일으키는 것이 아니다. 하왕(夏王)에게 죄가 많기 때문에 하늘이 나에

게 그 정벌을 명했다. 나는 이 명령이 두려워서 하왕을 쳐서 바로 잡은 것이다.'

'혹은 너희들은 말할지도 모르겠다. 아무리 하왕이 포악하더라도 우리들에게는 아무 관계도 없는데 내버려두면 되지 않느냐고. 하지만 내버려두어서는 안 된다. 하왕은 백성들을 괴롭히고 고을 사람들을 목졸라 백성들은 절망하여 단결할 힘도 없이 오직 왕을 저주하고 있다. 아아! 저 태양[桀]도 언젠가는 망하리라. 빨리 망해 다오. 우리들도 너희들도 다 망하고 말리라고. 걸의 포학은 이 정도다. 그러므로 나는 기어코 구하러 가지 않으면 안 된다.'

이 〈탕서편〉을 읽은 기분은 어떤가. 천벌을 행하고 혁명을 하려고 서두른 것은 탕왕 혼자뿐이요, 백성들은 여기에 찬성하고 나서지 않았다. 이것을 왕도 잘 알기 때문에 열심히 백성들을 타이르는 것이라고 여겨진다.

은왕조는 약 6백 년 동안 계속하다가 최후로 주왕(紂王)이 즉위했다. 주왕은 폭군이어서 주나라 무왕이 혁명을 일으켰다. 무왕이 군사를 일으킬 때, 목야(牧野)에서 전군대에 맹세한 말이 있다. 이 글은 ≪주서≫〈목서편(牧誓篇)〉에 있다.

'아아! 내 우방의 제우들과 모든 이족들이여! 너희들의 무기를 들라!'

여기에는 일장의 용맹무쌍한 광경이 나타나 보인다. 대군대가 들에 가득찼다. 만족들까지도 여기에 모두 가담했다. 그리하여 이들은 무왕의 위엄있는 호통에 모두 응하여 무기를 든다.

'옛 사람이 한 말이 있다. 암탉은 새벽을 알리지 못한다. 암탉이 새벽을 알리면 집이 망한다고 한다. 지금 주는 여자의 말을 들어서 백성들을 못살게 굴고 있다.'

'암탉이 때를 알리는 것'을 불길하다 하고, 여자의 잔소리를 꺼리는 사상은 이렇게 옛부터 있었다는 것을 알 수가 있다. 주왕은 달기에게 빠져서 그녀가 추천하는 사람이라면 그것이 어떤 신분의 사람이든지 따지지 않고 요직에 올려 썼다. 그래서 맘대로 백성들을 괴롭힌다고 주를 비난한 것이다.

이렇게 하여 무왕의 군사는 은나라 군사와 목야에서 싸웠다. 이 싸움은 격전이었던 것 같다. 이 기록은 ≪서경≫〈무성편(武成篇)〉에 있었으나 지금은 전해지지 않는다. 다만 사서 중의 하나인 ≪맹자≫〈진심하장(盡心下章)〉에 보면,

'맹자가 말했다. 만일 ≪서경≫에 있는 말을 모두 믿는다면 차라리 ≪서경≫이 없는 것만도 못하다. 나는 ≪서경≫ 〈무성편〉 속에서는 오직 2, 3구절밖에 믿지

않는다. 왜냐하면 어진 사람은 천하에 대적할 자가 없는 법인데 무왕과 같이 더없이 어진 이로서 주왕과 같은 불인(不仁)한 자를 정벌하는 데 어찌해서 방패를 띄울 만큼 피를 흘렸을 리가 있겠는가.'

하는 구절이 있다.

즉 〈무성편〉에는 은주(殷周)의 격전에 사상자가 많이 나서 흐르는 피가 흩어져 있는 무기까지도 떠내려 보냈다고 기록되어 있었던 것이다. 맹자는 이것을 비판하여 믿을 수 없는 기록이라고 했다.

은조(殷朝)는 시조인 탕왕에서부터 주에 이르기까지 약 6백 년 동안 중국을 지배하고 강력한 전통적 권위를 세웠다. 그러므로 주가 아무리 폭군이었다고 하더라도 이것을 타도하기란 용이한 일이 아니었을 것이다. 이것은 맹자 자신도 인정하여 ≪맹자≫ 〈공손추장상편(公孫丑章上篇)〉에도 언급되었다.

이렇게 하여 주를 타도하고 주왕조를 연 사람은 실제적으로는 무왕이다. 그러나 ≪서경≫이나 ≪시경≫에서는 주실(周室)의 진정한 개조는 문왕이요, 무왕은 그 아버지의 유업을 계승하여 완성한 사람이라고 했다.

≪맹자≫에는 〈등문공 하편〉에서 일서(逸書)를 이용하여, '丕顯哉 文王謨 丕承哉 武王烈 佑啓我後人 咸以正其欲'이라 했고, ≪시경≫에도

'주나라는 제후의 나라로서 오랜 유서가 있지만 문왕에 이르러서 새롭게 천자로서의 천명을 받았다. 그러므로 문왕은 주실의 개조이다. 그 문왕의 영혼은 하늘에 있어서 자손들을 돕고 있다.'

했다. 이러한 글들은 모두 주실에의 천명은 이미 문왕 대에 내려진 것을 무왕 대에 이르러 실현했음을 주장한 것이다.

이리하여 ≪서경≫에서 전해지는 고대 성왕의 계보는, 堯→舜→禹→湯→文→武 로 되어 있다. 이것은 비단 ≪서경≫뿐이 아니라 사서삼경 전체를 통하여 모두 이와 같은 계보를 이루었고, 특히 그 맨끝에는 주공(周公) 단(旦)을 더해서 ……文→武→周公으로 전해지고 있다.

주공은 천자는 아니다. 문왕의 아들, 무왕의 아우로서 형을 도와 혁명을 성공했고, 또 무왕이 죽은 뒤 어린 조카 성왕을 보필해서 한족 문명의 일대 진전을 가져온 지극히 유능한 정치가였다. 그래서 이를 문·무 두 왕에 더해서 성왕의 계보를 이룬다는 것이다.

이상으로 ≪서경≫의 내용에 대해서 대강 알아보았다. 그러나 현존하는 이 ≪서경≫ 58편의 성립 시기를 한마디로 단정할 수는 없다. 왜냐하면 ≪서경≫이 한 사람에 의해서 지어진 것이 아니고 오랜 세월을 두고 집적된 것으로, 특히 편장(篇章)에 있어서도 증감된 것이 있을 뿐만 아니라, 그 내용과 글자가 고쳐지기도 하고 윤색도 가해진 때문이다.

≪서경≫은 虞·夏·殷·周의 역대 사관(史官)이 왕의 사적과 그 치적을 典·謨·訓·誓·命·誥 등 여섯 가지 체로 서술한 기록이다. 그러나 중국에서 문자가 생긴 것이 은대 후기이고 보면, 그 이전의 기록이 있을 리가 없다. 또 은대 후기부터 쓰기 시작한 문자 역시 오직 복서(卜筮)를 위한 복사(卜辭)에 지나지 못했다고 생각하면, 이 글의 서문형식이 있었을 리 없다. 오직 이것은 기억으로 전승된 것이라고나 할까. 역사 의식이 박약했을 당시 가능한 일이었을지 자못 의심스럽다.

≪서경≫이 제대로 편찬되기 시작한 것은 전국시대 초기의 일이었다. 이때 공자와 그 제자들이 당면한 과제로 여겼던 주초(周初)의 정치 제도의 복원을 위해서 주공의 사적을 중심으로 하여 주서(周書)의 '오고(五誥)' 같은 것이 제1차로 편찬되었을 것이다.

다음 2차 편찬은 전국시대 중기에서 말기 사이에 이루어진 것 같다. 그리고 3차 편찬은 적어도 진대까지는 완성된 것으로 볼 수 있다.

그 후 ≪서경≫은 여러 차례의 교갈(轇輵)과 재화를 겪는 동안에 차츰 그 원형이 변개되었고 한대(漢代) 이후에 와서는 고문상서(古文尙書)와 금문상서(今文尙書)의 시비논쟁까지도 있었다. 그러나 청나라 말에 금문학파가 득세하기까지는 줄곧 고문학파가 지배적 입장에 있었다는 점을 덧붙여 둔다.

書集傳 序

경원(慶元) 기미년 겨울.

선생 문공(文公)이 침(沈)에게 분부를 내려 서집전(書集傳)을 짓게 하시고, 그 이듬해에 돌아가셨고, 또 그 후 10년 뒤에 편찬하니 모두 약 만 언(萬言) 가량이다. 아아! 글을 어찌 함부로 쓸 수 있겠는가. 두 황제와 세 왕이 천하를 다스리던 경륜이 이 책에 실렸으니, 나 같이 천견박식한 사람이 어찌 그 심오한 진리를 다 캐낼 수 있으리오. 게다가 천 년 뒤에 나서 천 년 전 일을 강구하니 또한 어려운 일이 아닐 수 없다. 두 황제와 세 왕의 정치는 도에 근본하고, 그들의 도는 마음에 근본을 두니, 마음만 바로 터득한다면 도와 정치를 말할 수 있을 것이다. 왜냐하면 정일(精一)과 집중은 요·순·우가 주고받은 심법(心法)이요, 건중(建中)과 건극(建極)은 상나라 탕왕과 주나라 무왕이 서로 전한 심법이니, 덕·인·경(敬)과 성(誠)을 말한 것이 비록 말은 다르나 그 진리는 하나이며, 그 모두가 마음의 오묘한 원리를 밝힌 것이기 때문이다.

하늘을 말함에 이르러서는, 곧 그 마음에서 스스로 우러나온 바를 공경함이요, 백성을 말함에 있어서는 그 마음에 비롯되어 베푸는 바를 삼가하였고, 예악(禮樂)

의 교화는 마음의 피어남이요, 문물 제도는 마음의 나타남이요, 집안을 거느리고 나라를 다스림으로써 천하를 평정하는 단계는 곧 마음으로 미루어 나가는 것이니 실로 마음의 덕이 성대하다 할 수 있다.

두 황제와 세 왕은 이 마음을 가진 이요, 하나라의 걸왕이나 은의 주왕은 이 마음을 잃은 이요, 태갑(太甲)이나 성왕(成王)은 겨우 이 마음을 가진 이니 가지면 다스려지고, 잃으면 어지러워지는 것으로서, 치란의 나뉨이 이 마음을 가지느냐 못 가지느냐에 달렸다.

후세의 임금으로서 두 황제와 세 왕과 같은 다스림에 뜻을 둔다면 도를 구하지 않을 수 없으며 그 도를 구하고자 하면서 그 마음을 터득하지 않을 수 없으니, 그 마음을 구하는 요체로서 서(書)를 버리고 어디에서 따로 찾을 것인가. 침이 이 글을 읽은 후 그 뜻을 깊이 생각하고 여러 설을 참고하여 저절로 이해되고 관통되는 대로 감히 절충하느라 애썼으나, 은밀한 말씀과 깊은 뜻은 지난날 선생께 듣던 바를 많이 이끌어 썼고, 더구나 이전(二典)과 우모(禹謨)는 선생께서 일찍이 바로하여, 그 손때가 새로우니 슬프고 애닯다. 집전(集傳)은 원래 선생께서 명하신 바이므로 두루 선생의 설을 인용하였으나 구태여 따로 표시하지 않았고, 4대의 서를 나누어 열 권으로 하였으니, 글은 때에 따라 다르다 해도 다스림은 도로서 같아 성인의 마음이 글에 나타남이 마치 조화의 묘가 만물에 나타나는 것과 같아, 정심(精

深)하지 않고는 알 수 없다. 이 전(傳)이 요·순·우·
탕·문·무·주공의 마음속 미세한 움직임에까지는 이
르지 못한다 하겠으나, 그분들의 글을 새겨 읽음으로써
가리키는 바 뜻을 대강 짐작할 것이다.

　가정 기사 3월 열엿샛날 무이(武夷) 채침(蔡沈)은 序
한다.

原文

　慶元己未冬　先生文公令沈作書集傳　明年先生歿　又十
年始克成編總若干萬言　嗚呼書豈易言哉　二帝三王治天下
之大經大法皆載此書　而淺見薄識豈足以盡發蘊奧　然二帝
三王之治本於道　二帝三王之道本於心　得其心則道興治固
可得而言矣　何者精一執中堯舜禹相授之心法也　建中建極
商湯周武相傳之心法也　　曰德曰仁曰敬曰誠言雖殊而理則
一　無非所以明此心之妙也　至於言天則嚴其心之所自出　言
民則謹其心之所由施　禮樂敎化心之發也　典章文物心之著
也　家齊國治而天下平心之推也　心之德其盛矣乎　二帝三王
存此心者也　夏桀商受亡此心者也　太甲成王困而存此心者
也　存則治亡則亂　治亂之分顧其心之存不存如何耳　後世人
主有志於二帝三王之治不可不求其道　　有志於二帝三王之
道不可不求其心　求心之要舍是書何以哉　沈自受讀以來沈
潛其義　參考衆說融會貫通迺敢折衷微辭奧旨多述舊聞　二
典禹謨先生盖嘗是正　手澤尙新嗚呼惜哉　集傳本先生所命
故凡引用師說不復識別　四代之書分爲十卷　文以時異治以

道同 聖人之心見於書猶化工之妙著於物 非精深不能識也
是傳書於堯舜禹湯文武周公之心未必能造其微　於堯舜禹
湯文武周公之書因是訓詁　亦可得其指意之大略矣　嘉定己
巳三月旣望 武夷 蔡沈序

虞 書

堯 典

옛 요임금을 생각해 보면, 그 이름은 방훈이시니 공경하심에 밝고 갖추고 생각하심에 자연스러워, 진실로 공순 사양하셔서 광휘가 천하에 두루 빛나고, 천지 사이에 명덕(明德)이 가득 차서 구족(九族)에 친하고 화목하여 백성을 고르게 밝히시니 백성이 그 덕을 밝혀 만방에 빛내었고, 창생이 때를 따라 밝게 변하여 화목했다……

原文

曰若稽古帝堯 曰放勳欽明文思安安 允恭克讓光被四表格于上下克明俊德以親九族 九族旣睦平章百姓 百姓昭明協和萬邦 黎民於變時雍……

舜 典

옛 순임금을 생각해 보면, 뛰어난 덕을 겹쳐 지니었고 제위에 오름에 매우 지혜로워 문명(文明)하시며, 공손하시고 미쁘시어 그윽한 덕이 높이 드날리셨다. 오전

(五典)을 삼가 아름답게 하라 하시고 도리를 밝히시니 많은 백성들이 모두 그 덕을 본받았으며, 이에 관아는 맡은 직분을 바로 다하니, 중앙에서 하는 일이 방방곡곡에 영향되어 다같이 본보기가 되었다. 뿐만 아니라 그 덕은 하늘에 미쳐서 천하가 순응하는 듯하였고 천지 운행도 순조로웠다 ……

[原文]

　曰若稽古帝舜　曰重華協于帝濬哲文明　溫恭允塞玄德升聞　乃命以位愼徽五典　五典克從納于百揆　百揆時叙賓于四門　四門穆穆納于大麓　烈風雷雨弗迷……

夏 書

禹 貢

우가 흙을 나누시고 산을 따라 나무를 베어 높은 산, 큰 강을 정하셨다. 기주(冀州)는 이미 호구산(壺口山) 일대가 중심이 되었고, 이어 양산(梁山)과 기산(岐山)이 다스려졌다. 또 태원 지방이 정리되니 이로써 악양(岳陽)에 이르렀고, 담·회에서 치적을 이루어 형·장에 이르니, 흙은 희고 곱고 부드러우나 섞였고, 여기서 올리는 공물은 최상급이었으나, 밭은 그다지 좋은 편은 아니었다. 항강과 위강이 이곳에 따르니 근처의 큰 땅을 경작하게 되었다. 섬의 오랑캐는 가죽으로 옷을 지어 입었다. 갈석산(碣石山)을 오른쪽에 끼고 모든 물이 황하로 흘러들었다.

原文

禹敷土隨山刊木奠高山大川 冀州旣載壺口治梁及岐 旣修太原至于岳陽 覃懷底績至于衡漳 厥土惟白壤 厥賦惟上上錯 厥田惟中中 恒衡旣從大陸旣作 島夷皮服 來右碣石入于河……

商 書

湯 誓

왕이 말했다.

"오, 백성들이여, 모두 짐의 말을 들어라. 이 보잘것 없는 사람이 감히 난을 일으키려 함이 아니다. 하의 죄가 크거늘 이제 하늘이 명하셔서 베이려 한다. 이제 무리가 모이니 내 이르되 우리 임금이 우리를 사랑하지 않고 우리의 수확을 버리매, 하를 베어 바로 하겠다. 내가 너희 말을 들으니 하씨에게 죄가 있다. 하니 내 상제를 어려워하여 감히 바로잡지 않을 수 없다. 이제 너희들의 말이 하의 죄가 어떠하냐 하니, 하왕은 무리의 힘을 잃었고, 여러 식읍을 거느리나 무리가 나눠지고 태만하여 복종하지 않으니 모두들 말하기를 망하는 날은 언제인가. 내가 너희와 함께 망할 것이니 하의 덕이 이와 같다. 짐이 가서 치지 않을 수 없다……"

原文

王曰 格爾衆庶悉聽朕言 非台小子敢行稱亂 有夏多罪 天命殛之 今爾有衆汝曰我后 不恤我衆舍我穡事而割正夏 予惟聞汝衆言夏氏有罪 予畏上帝不敢不正 今汝其曰夏罪

其如台 夏王率遏衆力率割夏邑 有衆率怠弗協 曰時曰曷喪
予及汝皆亡 夏德若玆 今朕必往……

西伯 戡黎

서백(西伯)이 이미 여(黎)를 이기니 조이(朝伊)가 두
려워하여 주왕(紂王)에게 달려가 보고했다.

"천자시여, 하늘이 이미 우리 은나라의 명맥을 끊으
려 하십니다. 뛰어난 선지자에게서도, 점괘에도 은의
길(吉)함이 드러나지 않습니다. 이는 선왕이 우리 후인
을 돌아보지 않는 것이 아니라 오직 임금께서 음란하여
스스로 끊는 것이 아닙니까. 그래서 하늘이 우리를 버
려 이미 편안히 먹고 살게 내버려두지 않고 하늘의 도
를 행하게 하지 않으며, 떳떳한 법도를 따르지 않게 합
니다. 이제 우리 백성은 멸망의 길을 벗어날 수 없고,
저마다 말하는 것이 '하늘은 어째서 위엄을 보이지 않으
며, 천명이 이르지 않는가.' 탄식합니다. 이제 왕께서는
어떻게 하시겠습니까?"

왕이 말했다.

"슬프다! 짐이 왕이 된 것도 천명이 아니겠는가!"

조이가 돌이와 단식했다.

"슬프다! 죄가 하늘에 나타나 있거늘 어찌 운명을 하
늘에 돌린단 말인가? 은나라는 곧 망할 것이다. 그 하
는 행사를 보면 반드시 형벌이 있을 것이다."

原文

西伯旣戡黎　祖伊恐奔告于王　曰天子天旣訖我殷命　格
人元龜岡敢知吉　非先王不相我後人　惟王淫戲用自絶　故天
棄我不有康食不虞天性不廸率典　今我民岡弗欲喪曰　天曷
不降威大命不摯　今王其如台　王曰嗚呼　我生不有命在天
祖伊反曰嗚呼　乃罪多參在上乃能責命于天　殷之卽喪指乃
功不無戮于爾邦

周 書

泰誓上

(무왕이 뒤를 이은 지)13년째 되는 봄에 맹진에서 대집회가 있었다.

무왕이 말했다.

"애석하다! 우리 우방의 제후와 여러 백관, 그리고 뭇선비들은 이 사람의 맹세를 밝게 들을지어다. 천지는 만물의 부모요, 사람은 만물의 혼백일진대, 지극히 총명한 이로 하여금 군주를 삼으시고 군주는 또한 백성의 어버이가 되거늘, 지금 상왕 수(受=紂王)는 위로는 하늘을 공경하지 않고 아래로는 백성에게 재앙을 내리는구나. 술에 빠지고 여색으로 하여금 음란하며, 감히 포학을 자행하며 사람을 죄로써 다스림에 그 구족(九族)에 미치고, 사람을 등용하여 씀에 대를 이어 함부로 쓰며, 궁실과 대사(臺榭) 등 건물과 정원, 못을 지으며 화사한 옷치장으로 영일이 없다. 이로써 만백성을 함부로 부려 폐해가 심하고, 충성스럽고 어진 이를 분사시키고, 아이 밴 부녀의 배를 가르는 등 포학이 심하여, 황천이 진노하셔서 나의 돌아가신 아버지 문왕에 명하시어 하늘의 위엄을 갖추게 하시더니, 크나큰 공적이 아직 모이지 못했다……"

原文

惟十有三年春大會于孟津　王曰嗟我友邦家君　越我御事
庶士　明聽誓　惟天地萬物父母　惟人萬物之靈　亶聰明作元
后　元后作民父母　今商王受弗敬上天降災下民　沈湎冒色敢
行暴虐　罪人以族官人以世　惟宮室臺榭陂池侈服　以殘害于
爾萬性　焚炙忠良刳剔孕婦　皇天震怒命我文考肅將　天威大
勳未集……

大　誥

〔주공(周公)이 왕의 명을 천하에 전한다.〕

"왕께서 이와 같이 이르니, 여러 우방 제후들과 만조
백관에 말한다. 〔지금 주나라는 하늘이〕 가엾이 여기지
않아서, 하늘이 우리 집안에 해함을 내리니 〔모반하는
자가 생기니〕 조금도 주저할 수 없다. 크게는 나 어린
사람이 한없이 큰 역복(歷服)을 이어받아 좋은 정치로
백성을 편안하게 하지 못한다면, 하물며 능히 천명을
깨달아 맞춘다 할 수 있겠는가. 나 자신 보잘것없는 자
식으로 〔비록 천자의 자격으로 말하지만, 선조의 뒤를
이은 자식으로 정치를 그르치는 것이나 아닌가 하여 미
안한 마음에〕 연못의 물을 밟는 것 같으나, 내가 행하
는 것은 짐(朕)으로서 백성을 거느리는 길을 구하고자

함이니, 먼저 덕을 쌓아 전인(前人—文王·武王)이 받은 천명을 다하겠다. 이는 선조의 큰 공덕을 잊지 못함이며, 감히 하늘이 내리신 위엄을 외면할 수 없기 때문이다……"

[原文]

王若曰猷 大誥爾多邦越爾御事 弗弔天降割于我家不小延 洪惟我幼冲人嗣無彊大歷服 弗造哲迪民康 矧曰其惟能格知天命己 予惟小子若涉淵水 予惟往朕攸濟 敷貴敷前人受命 玆不妄大功 予不敢閉于天降威用……

梓 材

'왕께서 이르노니, 봉(封:康叔의 이름)이여, 먼저 뭇 백성의 무리와 여러 신하들을 대가(大家:지방의 유지들)와 통하여 친하도록 하고, 또한 신하들의 사정이 왕께서도 통달하도록 할 것이다.〔왕의 마음이 일반 백성에게 통하도록 하며, 또한 일반 백성의 형편이 왕에게도 통달하도록 하라.〕 이것이 군주로서 먼저 할 임무이다. 네 군주로서 떳떳하되〔무슨 일이든 행함에 구애됨이 없겠으나〕 이르노니, 항상 스승으로 가르침을 받을 사람이 많으니 곧 사마(司馬)·사도(司徒)·사공(司空)·윤려(尹旅:代夫따위)가 있지 않느냐. 또 이르되, 나는 함부로 사람을 죽이고 싶지 않으니 그것은 또한 제

후된 위세를 함부로 떨치지 않으려 함이다. 먼저 공로
있는 자를 높이고 스스로 본받아 힘쓸 것이다. 또한 널
리 관용으로써 나쁜 마음으로 사람을 죽이거나 무도한
일을 하는 자들을 이끌어 가르치면[형벌을 위주로 하지
않으면] 군주의 행사가 백성 사이에 두루 나타나 죽이
고 치는 자 있어도 관용할 것이다.〔형벌을 받지 않도
록 감싸고 타이르면 잘못된 행실을 고쳐 나갈 것이다.〕
······'

원문 [原文]

王曰封 以厥庶民曁厥臣達大家 以厥臣達王 惟邦君汝
若恒越 曰我有師師 司徒司馬司空尹旅 曰予罔厲殺人 赤
厥君先敬勞肆徂厥敬老 肆往姦宄殺人歷人宥 肆亦見厥君
事戕敗人宥······

多 士

3월에 주공이 처음으로 새 도읍인 낙(洛)에서 상나라
벼슬아치들에게 고했다.

"왕께서 이르니, 은나라 유신들이여. 하늘이 은나라
를 불쌍히 여기지 아니하고 재해를 내려 은을 망하게
하니, 우리 주나라가 하늘의 보우하시는 명을 받아 밝
은 위엄을 받들어 왕〔商王〕을 벌함에 이르렀으며, 은나
라의 명맥을 다스려 상제(上帝)의 분부하심을 마쳤다.

뭇선비들이여, 우리 소국이 감히 은나라의 명맥을 취함이 아니니 하늘이 주지 않는 것이며, 진실로 어지러움을 굳히지 않으려고, 우리를 도와 감히 그 자리를 구하게 한 것이다. 하늘이 주지 않으심은 아래로 우리 백성으로 하여금 하늘의 지엄하심을 밝히려 함이다……"

原文

惟三月周公初于新邑洛用告商王士　王若曰爾殷遺多士弗弔旻文大降喪于殷　我有周佑命將天明威　致王罰勅殷命終于帝　肆爾多士　非我小國敢弋殷命　惟天不畀允罔固亂弼我我其敢求位　惟帝不畀惟我下民秉爲惟天明畏……

君　陳

왕이 이르기를,

"군진이여, 너의 착한 덕은 효공이니, 〔부모에게〕 효도를 다하고 형제간에 우애있고 정사(政事)에 능하니, 너에게 명하여 동교(東郊:동쪽지방)를 다스리게 하니 공경하여라 〔직무를 다하여라.〕 그 옛날 주공께서 사표(師表)로서 만민을 보살폈으니, 백성은 그 덕을 새겨 간직했다. 가서 삼가 맡은 직분을 다한 것이며, 떳떳한 길을 좇아 주공의 가르침을 힘써 말하면 백성은 그로써 다스려질 것이다."

하였다……

原文

王若曰　君陳惟爾令德孝恭　惟恭友于兄弟克施有政　命汝尹玆東郊敬哉　昔周公師保萬民　民懷其德往愼乃司　玆率厥常懋昭周公之訓　惟民其父……

費　誓

공(公=伯禽)이 말했다.

"애닯다, 사람들이여. 떠들지 말고 명을 들어라. 지난번에 회이(淮夷)와 서융(徐戎)이 아울러 흥하였다.〔군사를 일으키는 등 명령에 복종하지 않는다.〕너희는 갑옷과 투구를 고쳐 방패를 정돈하고, 활과 화살을 갖추며, 창칼을 벼리고 날을 갈되 최선을 다하라. 이제 소와 말을 들일 외양간을 크게 할 것이니 덫으로 막고 함정으로 닫아 외양간이 상하지 않게 하라. 만일 상하면 마땅한 형벌이 있을 것이다……"

原文

公曰　嗟人無譁聽命　徂玆淮夷徐戎竝興　善敹乃甲冑　敿乃干無敢不弔　備乃弓矢鍛乃戈予礪乃　鋒刃無敢不善　今淮涇舍牿于馬　杜乃擭　斂乃穽　無敢傷牿　牿之傷汝則有常刑……

詩　經

1 시경에 대하여

≪시경≫이라는 이름이 생긴 지는 그다지 오래되지 않았다. 옛날에는 그저 '시(詩)'라고만 말해도 곧 이 글을 뜻했었다. ≪시경≫은 중국에서 가장 오래된 시가집(詩歌集)이다.

≪시경≫에 수록되어 있는 글의 총수는 3백5편인데 이것을 크게 세 부분으로 나눌 수 있다.

제1부는 〈국풍(國風)〉이다. 혹은 이것을 그저 〈풍〉이라고도 한다. 이것은 황하 유역에 있던 여러 나라들에서 각각 지방색을 나타내어 생겨난 가요로서 도합 1백60편이다.

제2부는 아(雅)라고 부른다. 이것은 중앙 정부인 주나라 왕실의 노래 1백5편인데, 다시 〈소아(小雅)〉와 〈대아(大雅)〉 두 가지로 나뉜다.

제3부는 송(頌)이라고 한다. 이것은 주나라 왕실과 그 밖의 신악가(神樂歌) 40편으로 되어 있다.

중국 시가가 역사 위에 차지하는 비중은 실로 크나. 이것은 삼국 시대 이후에 중국시의 극성(極成)했던 것보다도 앞선다. 이 〈풍〉·〈송〉·〈아〉 3부분 중에서 〈송〉과 〈아〉는 모두 BC 841년 이전, 주나라 왕조가 지금의 섬서성에 있었을 무렵 즉 서주(西周) 시대의 노래들이다. 이에 대해서 〈국풍〉만은 BC 841년 주나라 왕조가 도읍을 하남성으로 옮긴 이후의 소위 동주(東周) 시대의 노래가 대부분이다. 그러나 보다 오래된 서주의 노래도 여기에 조금쯤은 포함되어 있다. 그러므로 이것은 모두 BC 1100년부터 600년경 사이의 노래이다.

이와 같이 까마득한 옛날 노래인 동시에 3천 년에 걸친 중국시의 흐름에 최초의 것인만큼 대부분이 소박하다.

우선 여기에서 소박하다고 말한 것은 시의 형태다. 이 시의 한 줄은 4언(四言), 즉 넉 자로 되어 있는 것을 원칙으로 한다. 최초의 관저(關雎) 한 장을 예로 들면 다음과 같다.

관관저구(關關雎鳩)
재하지주(在河之洲)
요조숙녀(窈窕淑女)
군자호구(君子好逑)

그러나 그 다음에 있는 권이(卷耳) 제2장을 보면,

척피최외(陟彼崔嵬)
아마회퇴(我馬虺隤)
아고작피금뢰(我姑酌彼金罍)
유이불영회(維以不永懷)

라 하여, 4언이 아닌 줄이 가끔 나타나기도 한다. 하지만 이런 것은 예외적이고 기본은 언제나 한 행 넉 자이다.

이 4언이라는 형식은 소박하고 원시적인 리듬이라고 하지 않을 수 없다. 적어도 중국 후세의 시가 5언이나 7언인 것에 비교할 때는 그렇다.

이 소박하다는 것은 비단 글자수에서만이 아니라, 노래 속에도 현저하게 나타난다. 똑같은 주제를 몇 번이고 되풀이해서 쓴 것은 후세의 시에서 볼 수 없는 ≪시경≫의 특징이다. 도요(桃夭)의 시가 그 좋은 예다. 결혼하려는 처녀를 축복하는 노래에서,

　도지요요(桃之夭夭)
　작작기화(灼灼其華)
　지자우귀(之子于歸)
　의기실가(宜其室家)

라고 제1장에서 노래하고 나서 제2장에서 다시,

　도지요요(桃之夭夭)
　유분기실(有蕡其實)
　지자우귀(之子于歸)
　의기가실(宜其家室)

이라고 노래하고, 또 제3장에서,

　　도지요요(桃之夭夭)
　　기엽진진(其葉蓁蓁)
　　지자우귀(之子于歸)
　　의기가인(宜其家人)

이라고 했다. 이렇게 반복해 노래한 것은 적어도 〈국
풍〉 여러 편에 여기저기에서 나타난다.

　그러나 이러한 소박한 노래이면서도 소박하지 않은
일면도 가지고 있다. 우선 3백5편의 노래는 〈송〉의 일
부분만을 제외하고는 대개가 운을 달았다.

　관저 제1장을 보면,

　關關雎鳩 在河之洲 窈窕淑女 君子好逑
와 같이 鳩·洲·逑는 같은 운을 쓰고 있다. 또 도요의
시와 같이 같은 주제를 몇 번이고 되풀이한 것에서는,

　桃之夭夭 灼灼其華 之子于歸 宜其室家
　桃之夭夭 有蕡其實 之子于歸 宜其家室
　桃之夭夭 其葉蓁蓁 之子于歸 宜其家人

이라고 하여 운을 변화시키고 있다. 이것은 서양의 시
가 운을 달 줄 모르고 지어진 것이나, 이후의 중국의

시가 모두 운을 단 것에 비하여 실로 시의 근원이 된다
할 것이다.

또 그 표현하는 기교에 있어서도 독특하다. 특히 '흥
(興)'이라고 부르는 일종의 비유 기교는 역시 ≪시경≫
에서만 보편적으로 쓴 것이고 후세의 시에서는 드물다.
어떤 주제를 노래할 때, 이에 앞서 노래하려는 주제와
비슷한 현상을 자연 속에서 발견하고 여기에 의해서 노
래를 시작하는 기교, 이것이 바로 흥이다.

관저(關雎) 제1장이 바로 그런 예다. 사이좋게 서로
부르고 노는 징경새 암수가 섬가에 있다는 그것이, 아
리따운 아가씨가 군자의 좋은 짝이 될 만하다고 비유해
서 노래하고 있다. 도요의 3장도 역시 그렇다. 활짝 핀
복사꽃, 싱싱한 잎, 모두 젊고 아름다운 아가씨에 비유
해서 노래했다. 이것은 자연과 인간과의 미묘한 교향
(交響)을 의식적으로 또 의식하지 않고 지적한 것들이
다.

이러한 '흥'의 기교에 대해서 똑바로 사건을 서술한
부분은 '부(賦)'라고 불렀다. 질경이를 뜯는 여인 '질경
이를 뜯세 뜯세. 어서 어서 뜯어 보세'라 하고, 신세를
한탄하는 귀부인이 보리밭 가운데 수레를 달리면서 '내
가 서 들판에 가노라니, 그곳엔 푸른 보리싹 서럽네'라
고 한 것은 '부'다. 또 단지 비유만 한 것은 '비(比)'라고
부른다. 내 마음은 빨지 않은 옷과 같다는 말을 '마음의
근심은 빨지 않은 옷과 같네' 한 것은 '비'이다. '부'와

'비' 그리고 앞서 말한 '흥', 이 세 가지 수사법(修辭法)의 어느 것에나 ≪시경≫의 특징이 깃들여 있다.

이렇게 부·비·흥의 세 가지 수사법을 써서 노래한 내용도 결코 소박하지만은 않다. 가령 곡풍(谷風)에서 버림받은 아내가 신세타령하는 복잡한 심리는 당시 황하 유역이 몹시 어지러웠다는 것을 말해 준다.

그러나 소박한 노래라는 성질이 보다 크게 평가되는 것만은 틀림없다. 우리는 이 ≪시경≫을 읽으면서 이러한 소박한 고가(古歌) 속에도 영구히 변치 않는 인간 생활과 진실이 소박하게 나타나 있다는 것을 파악하지 않으면 안 된다.

풍·아·송의 세 가지 분류와 부·비·흥의 세 가지 수사법을 합쳐서 ≪시경≫의 육의(六義)라고 한다. 이것을 다시 쉽게 말하면 ≪시경≫의 여섯 가지 법칙이다.

2 편자에 대하여

《시경》을 지금의 3백5편으로 편정(編定)한 것은 다름아닌 공자다. 사마천의 《사기(史記)》에 있는 〈공자세(孔子世家)〉는 종합적인 공자의 전기로서 최초의 것이었다. 여기에 보면, 공자는 인간의 고전으로서 〈易〉·〈書〉·〈禮〉·〈春秋〉를 편정함과 동시에 이 시에 대해서도 3천여 편이나 있는 작품 속에서 중복된 것은 버리고 예의 의리에 맞는 3백5편만을 선정해서 순서를 정리하여 완성했다고 했다.

이 기록에 보이듯이 공자 이전에 과연 지금의 10배나 되는 시가 있었는지 의문이다. 하지만 공자가 〈詩〉를 직접적으로는 제자들의 교재로, 간접적으로는 널리 인류의 교양을 위해서 이곳에 중요한 부분 약 3백 편을 썼음을 《논어》에서도 가끔 말하고 있다. 요컨대 《시경》을 공자가 얼마만큼 중요시했는지는 《논어》에서 가장 명확히 알 수가 있다.

공자에 의해서 편정된 《시경》은 주말의 전국시대부터 전한(前漢) 초기 즉 기원전 5세기부터 기원전 2세기까지의 공자의 교가 사상계의 주류가 되기 시작하면서부터 고전으로서의 지위를 굳혔다. 그리하여 한나라 무제가 드디어 유학을 국교(國敎)로 정했을 당시 이

≪시경≫은 〈역〉·〈서〉·〈예〉·〈춘추〉등과 함께 영원한
고전인 다섯 중 하나가 되었다.

≪시경≫이 이 다섯 고전의 하나라는 것은 이것이
필독서이며 그 지위는 오늘날에 이르기까지 2천 년 동
안 변치 않고 지속되고 있다.

그러나 이 책의 글은 전한 시대 때부터 벌써 고대어
에서 주석이 필요했다. 당시의 주석으로서 유력한 것은
제시학파(齊詩學派)·노시학파(魯詩學派)·한시학파(韓詩
學派), 이 세 학파인데 이들을 합쳐서 삼가시(三家詩)
라고 부른다.

무제가 유학을 국교로 하자, 이 삼가들은 모두 제자들
에게 ≪시경≫에 대한 강의를 했다. 그러나 그 해설은
오늘날 찾아볼 수 없고, 오직 단편만이 다른 책에 인용
되었을 뿐이다. 다만 한시학파의 한영(韓嬰)이 지은
≪한시외전(韓詩外傳)≫이 비록 주석은 아니지만 남아
있고, 또 노시학파에 속하는 유향(劉向)의 ≪열녀전≫이
있을 뿐이다.

3 注釋本에 대하여

첫째, 옛날 한나라때 주석으로서 현존해 있고, 또
≪시경≫을 읽는 사람들이 참고할 수 있는 모씨전(毛氏
傳), 약해서 모시(毛詩)가 있다.

모씨전의 전(傳)은 주석의 뜻이요 모(毛)는 주석을
낸 사람으로서 즉 모형(毛亨)·모장(毛萇)의 두 사람이
다. 이들은 전한(前漢) 초년 사람이라고 하지만 자세한
전기는 알 수 없다.

이 모씨전의 해석과, 지금은 전하지 않는 삼가 시학
파 사이에는 여러 가지 차이점이 있었다. 다른 책에는
없는 시 전체의 이론을 설명한 긴 서문이 책머리에 있
다. 또 6의 설명 같은 것이 여기 나온다. 소서(小序)라
고 해서 시에 대한 설명을 한 단문도 있다. 이것을 혹
자는 공자의 문인 자하(子夏)의 글이라고도 한다.

고문인 모씨전의 원문과 주석은 한대 전반인 전한 시
대에는 그다지 유명하지 않았다. 그러나 후한 시대에
들어와서 민간의 고전학이 일어나 원문에 대한 음미가
엄밀해짐에 따라 이것이 주석과 함께 몹시 존중되기 시
작했다.

후한 말기에 이르러 대학자 정현(鄭玄)은 이 글들을
비교 연구한 결과 모씨전을 채용하고 다시 여기에 주석

을 더하게 되자 정세는 결정적이었다. 이 정현이 주석한 것을 정전(鄭箋)이라고 한다.

이리하여 정현이 주석을 더한 모전정전(毛傳鄭箋)이 그 밖의 글들을 압도하고 ≪시경≫의 유일한 주석으로서 8백 년 동안 내려와 북송(北宋) 초기에까지 이르렀다. 그러나 이것이 그 권위를 차츰 잃기 시작한 것은 11세기부터 시작되는 송의 새로운 유학이 일어나면서부터였다.

그 시초는 북송의 구양수(歐陽脩)다. 그는 시본의(詩本義)를 써서 모전이 각 편마다 머리에 실은 소위 소서의 신빙성을 의심하여 새로운 해석을 세웠다. 그러다가 마침내 주자에 이르러 시집전(詩集傳)이 완성되면서 이 해석은 새로운 해석의 권위를 차지하고 말았다.

정현이 당나라 이전의 대학자인데 비하여 주자는 당나라 이후의 제일의 학자다. 그리고 그는 자기 철학의 체계에 근본을 두고 모든 경서에 주석을 새로 고쳤다. 그러므로 이 ≪시경≫의 해석도 자연 가장 새로운 것이다.

모씨전의 소서가 사랑의 노래마저도 당시 정치에의 비유로서 풍자한 것이라는 평을 시정하여 순수한 사랑의 노래라고 고쳐 해석한 것 등은 그의 공적이다.

그러나 주자의 신주(新注)에도 시정해야 할 여러 가지가 있다. 그 하나는 고대어에 대한 해석의 부족이요, 또 하나는 그 해석에 불합리한 점이 있다는 것이다. 이러한 약점들에 대한 반동으로 일어난 것이 17세기 이후 청조 학자들에 의한 고주(古注)의 재해석이다.

그리하여 대진(戴震:1723~1777)·단옥재(段玉裁:1735~1815)·왕염손(王念孫:1744~1832)·왕인지(王引之:1766~1834) 등 제일류의 학자들이 풍부한 지식에 근원을 두고 우선 《시경》에 대한 부분적인 해설을 했다. 또 호승공(胡承珙: 1776~1832)의 모시후전(毛詩後箋), 진환(陳奐: 1786~1863)의 시모씨전소(詩毛氏傳疏) 등이 이 해석을 대성했다. 마서진(馬瑞辰:1782~1853)의 모시전전통석(毛詩傳箋通釋)도 이들의 것만은 못하지만 역시 새로운 해석을 시도했다.

이들이 해설한 것은 모두 모전에 의한 것으로 정전에 대한 존경은 별로 보이지 않는다.

다시 청조 말년에 이르러 삼가시를 연구하려는 학자가 나왔지만 자료가 부족한 탓으로 충분한 성과를 거두지 못했다고 생각된다.

이렇게 《시경》에 대한 해설을 쓰다보면, 이 《시경》은 단순한 중국 고대로부터 전해 내려온 유가의 경전이나 또는 하나의 낡아빠진 고전이라고는 할 수 없다.

우리는 이 《시경》을 통해서 중국 고대인들의 소박했던 생활과 감정을 엿보는 한편 그들의 사상까지도 알아보고, 더욱 가까이 접촉함으로써 우리들의 메말라 가는 정서를 보다 풍부하게 해야 할 것이며, 마음의 여유를 기르도록 노력해야 한다.

(1) 國 風

周 南

△ 징경새 운다(關雎)

운다, 운다, 징경새
섬가에서 징경새
아리따운 아가씨
군자의 좋은 짝
〔原詩〕
關關雎鳩
在河之淵
窈窕淑女
君子好逑

올망졸망 조아기풀
이리저리 찾고요
아리따운 아가씨
자나깨나 그리네
〔原詩〕
參差荇菜

左右流之
窈窕淑女
寤寐求之

그려도 안 되네
자나깨나 이 생각
끝없어라 이 마음
잠 못들어 뒤척이네
〔原詩〕
求之不得
寤寐思服
悠哉悠哉
輾轉反側

올망졸망 조아기풀
이리저리 뜯고요
아리따운 아가씨
거문고를 벗하네
〔原詩〕
參差荇菜
左右求之
窈窕淑女
琴瑟友之

올망졸망 마름풀
이리저리 고르며
아리따운 아가씨
북을 치며 즐기리
〔原詩〕
參差荇菜
左右芼之
窈窕淑女
鐘鼓樂之

召 南

△ 까치집(鵲巢)

까치 집 지으니
비둘기 가서 자네
아가씨 시집가니
백 채 수레 마중하네.
〔原詩〕
維鵲有巢
維鳩居之
之子于歸
百兩御之

까치 집 지으니
비둘기 함께 사네
아가씨 시집가니
백 채 수레 배웅하네
〔原詩〕
維鵲有巢
維鳩方之
之子于歸
百兩將之

까지 집 지으니
비둘기 가득하네
아가씨 시집가니
백 채 수레 따르네
〔原詩〕
維鵲有巢
維鳩盈之
之子于歸
百兩咸之

邶　風

△ 측백나무 배(栢舟)

측백나무 배가
물에 떠 흐르네
경경히 잠 못 이루며
시름에 잠겼어라
내 술이 없는가
노세, 놀아보세
〔原詩〕
汎彼栢舟
亦汎其流
耿耿不寐
如有隱憂
微我無酒
以敖以遊

내 마음 거울 아니니
남의 생각 헤일 길 없네
형제 또한 있건만
의지가지 못 되네
가서 하소한다 해도
노여움만 사리라
〔原詩〕
我心匪鑒
不可以茹
亦有兄弟

不可以據
薄言往愬
逢彼之怒

내 마음 돌 아니니
구르지도 못하네
내 마음 멍석 아니니
말지도 못하네
풍부히 갖춘 위의
굽힐 줄이 있으리
〔原詩〕
我心匪石
不可轉也
我心匪席
不可卷也
威儀棣棣
不可選也

근심은 초초하고
무리들 원망이라
쓰린 일도 많았어라
수모 또한 많았어라
가만히 생각하니
잠 깬 듯 가슴치네

〔原詩〕

憂心悄悄

慍于群小

覯閔旣多

受侮不少

靜言思之

寤辟有摽

저 하늘 해와 달은

어찌 서로 이지러지나

마음은 근심에 차

빨지 않은 옷이로세

가만히 생각할 뿐

나래 펴 날지도 못하네

〔原詩〕

日居月諸

胡迭而微

心之憂矣

如匪澣衣

靜言思之

不能奮飛

鄘　風

△ 측백나무 배〔栢舟〕

측백나무 배
물 가운데 떠 있네
두 줄기 더벅머리
내 사랑 내 짝일세
죽어도 맹세하리, 다른 마음 없노라
엄마와 저 하늘은
어찌 날 모르시나
〔原詩〕
汎彼栢舟
在彼中河
髧彼兩髦
實維我儀
之死矢靡他
母也天只
不諒人只

측백나무 배
물가에 떠 있네
두 줄기 더벅머리
내 사랑 내 님일세

죽어도 맹세하리, 다른 마음 없어라

엄마와 저 하늘은

어찌 날 모르시나

〔原詩〕

汎彼栢舟

在彼河側

髧彼兩髦

實維我特

之死矢靡慆慝

母也天只

不諒人只

衛　風

△ 淇水의 물굽이(淇奧)

기수의 저 물굽이

푸른 대나무 숲 우거지다

훤칠한 군자 있어

뼈, 상아로 다듬은 듯

옥과 돌로 다듬은 듯

엄하고 너그럽고

환하고 의젓한 몸

훤칠한 우리 군자

끝내 잊지 못하겠네

〔原詩〕

瞻彼淇奧

綠竹猗猗

有匪君子

如切如磋

如琢如磨

瑟兮僩兮

赫兮咺兮

有匪君子

終不可諼兮

기수의 저 물굽이

푸른 대나무 청청하네

훤칠한 군자 있어

귀걸이 돌 빛나고

관에는 별빛 같은 구슬

엄하고 너그럽고

환하고 의젓한 몸

훤칠한 우리 군자

끝내 잊지 못하겠네

〔原詩〕

瞻彼淇奧

綠竹青青

有匪君子
充耳琇瑩
會弁如星
瑟兮僩兮
赫兮咺兮
有匪君子
終不可諼兮

기수의 저 물굽이
푸른 대나무 울타리
훤칠한 군자 있어
금인 듯 주석인 듯
주옥인 듯 벽옥인 듯
너그럽고 점잖으셔
수렛대에 기대셨네
우스개는 하셔도
사나움이 없으신 분
〔原詩〕
瞻彼淇奧
綠竹如簀
有匪君子
如金如錫
如圭如璧
寬兮綽兮

猗重較兮
善戲謔兮
不爲虐兮

王　風

△ 기장과 피(黍稷)

저기(궁터) 기장 이삭 고개 숙이고
피도 자라 이제 밭이구나
가도가도 발걸음 마냥 무겁고
마음속 끝없이 흔들리네
내 마음 아는 이 있다면
'근심 자못 깊어라' 하시건마는
내 속 깊이 지닌 뜻 모르신다면
'무엇으로 그러는가' 의아해하시리
아득한 푸른 하늘 누구의 탓이런가
〔原詩〕
彼黍離離
彼稷之苗
行邁靡靡
中心搖搖
知我者
謂我心憂

不知我者
謂我何求
悠悠蒼天
此何人哉

鄭　風

△ 검은 그 옷(緇衣)

검은 그 옷 참 잘도 어울리네
해지면 내 다시 지어 드리리
관에 일 보러 가셨던 님이
돌아오시면 내 진지 지어 올리리
…………
〔原詩〕
緇衣之宜兮
敝予又改爲兮
適子之館兮
還予授子之粲兮
…………

齊　風

△ 닭이 우네(鷄鳴)

닭이 우네
조정이 이미 찼네
닭 우는 소리 아니고
파리 소리네

〔原詩〕

鷄旣鳴矣

朝旣盈矣

匪鷄則鳴

蒼蠅之聲

(2) 雅

☑ 小 雅

鹿鳴之什

△ 사슴의 울음소리(鹿鳴)

저기서 우는 것은 사슴의 무리
들에서 햇쑥 뜯는 사슴의 울음
나에게 좋은 손님 오셨으니
비파 뜯고 생황 불고
피리 불고 생황 불고
바치는 이 폐백 받아 주시고
나의 덕 모자람을 어여삐 보시며
지극한 도리를 보여주소서

〔原詩〕

呦呦鹿鳴

食野之苹

我有嘉賓

鼓瑟吹笙

吹笙鼓簧

承筐是將
人之好我
示我周行
············

南有嘉魚之什

△ 남쪽의 고기떼(南有嘉魚)

남에 있는 고기떼
꼬리 치며 노니네
나에게 술 있으니
대접하며 즐기리
〔原詩〕
南有嘉魚
烝然罩罩
君子有酒
嘉賓式燕以樂
············

鴻雁之什

△ 기러기 날아가네(鴻雁)

기러기 날아가네
날개 훨훨 치면서
그대들 나아가니
들에서 고생하리
불쌍해라, 저 백성
홀아비와 과부들

〔原詩〕

鴻雁于飛
肅肅其羽
之子于征
劬勞于野
爰及矜人
哀此鰥寡
…………

節南山之什

△ 높이 치솟은 남산(節南山)

하늘 높이 치솟은 저 남산에는
울퉁불퉁 바위들 첩첩 쌓였네
무서운 세도가 윤공(尹公)의 일은
온 나라 백성 다 보아 아네
걱정은 가슴에 불을 피우고

농담조차 감히 하지 못하네
마침내 끊어지니 나라의 명맥
어찌하여 못 본 척 생각지도 않는가
〔原詩〕
節彼南山
維石嚴嚴
赫赫師尹
民其爾瞻
憂心如惔
不敢戲談
國旣率斬
何用不監
…………

谷風之什

△ 쉬지 않고 바람 부네(谷風)

쉬지 않고 종일 바람 부네
게다가 큰비까지 휘몰아치네
두려움에 떨었던 지난날
나와 그대 한몸인 듯 살았어라
겨우겨우 안락한 이제
도리어 그대 날 버리누나

......

〔原詩〕

習習谷風

維風及雨

將恐將懼

維予與女

將安將樂

女轉棄予

....

甫田之什

△ 저 큰 밭에서

아득히 뻗어간 저 큰 밭에서
해마다 끝없이 추수 올렸네
먹고 남아 해묵은 곡식으로는
우리 집 농군들 먹여 왔네
예로부터 풍년이 계속하였기
이제 또 남쪽 밭에 나가 보나니
김 매기 북돋우기 한창들인데
기장과 피 싹은 잘도 되었네
크고 풍성한 수확이 있게 되면
준수한 방백들을 대접하리라.

....

〔原詩〕

倬彼甫田

歲取十千

我取其陳

食我農人

自古有年

今適南畝

或耘或耔

黍稷薿薿

攸介攸止

烝我髦士

......

魚藻之什

　△ 마름 풀 사이의 고기(魚藻)

　마름 풀 사이에 고기가 사니
　언뜻 보이는 두툼한 목
　그님께서는 서울 사시네
　즐거이 오늘도 잔치하시네
　〔原詩〕
　魚在在藻

有頒其首
王在在鎬
豈樂飮酒

☒ 大　雅

文王之什

△ 문왕의 덕(文王)

문왕의 덕을 어찌 다 이르랴
해처럼 하늘에 빛나신다
주는 오래된 나라이지만
받자온 천명은 오히려 새로워라
주나라 빛나지 않으랴
하늘의 분부 마땅하리라
문왕의 혼령은 하늘을 오르내려
상제의 그 곁에 언제나 계시다
〔原詩〕
文王在上
於昭于天
周雖舊邦

其命維新
有周不顯
帝命不時
文王陟降
右帝左右
·············

生民之什

△ 주나라 조상(生民)

처음 주의 조상 나으시기는
姜嫄이시니
그 어찌하시어 나으셨던가
몸을 정히 삼가고 제사 드리어
아들 없는 비원을 푸닥거리해
상제의 발자취 엄지발가락 밟으시고
하늘의 은혜 크게 되어 멈추셔서
드디어 아기 배니 더욱 삼가셔서
이에 나으시고 길러 내시니
그분이 바로 후직이셨네
〔原詩〕
厥初生民
時維姜嫄

生民如何
克禋克祀
以弗無子
履帝武敏歆
攸介攸止
載震載夙
載生載育
時維后稷
....

蕩之什

△ 끝없는 저 하늘(蕩)

끝없는 저 하늘의 상제야말로
이 세상 백성의 임금이심을
어찌하여 사납고 무섭게 굴어
정사의 그릇됨이 이리 심한가
이 많은 백성 낳아 놓으시고
진실치 않으시니 어찌 믿으리
처음에는 잘 하는 듯하더니
끝을 좋게 여물이려 아니하시네
〔原詩〕
蕩蕩上帝

下民之辟
疾威上帝
其命多辟
天生烝民
其命匪諶
靡不有初
鮮克有終
…………

(3) 頌

☑ 周 頌

淸廟之什

△ 청정한 사당(淸廟)

그윽하고도 고요한 사당이여
삼가는 한마음으로 제사를 돕는
수많은 제후와 신하들이여
화평하고 부드러운 덕을 지니고
하늘의 조종에 삼가 바치며
빠른 걸음으로 사당 안을 오가는구나
참으로 밝으시고 더욱 크시매
어느 때인들 우러러 받들지 않으리
〔原詩〕
於穆淸廟
肅雝顯相
濟濟多士
秉文之德
對越在天

駿奔走在廟
不顯不承
無射於人斯

☒ 魯　頌

駉之什

　△ 훤칠하고 살찐 말(駉)

훤칠하고 살찐 수말 떼가
외딴 벌판에서 풀을 뜯는데
어떤 말 어떤 말이 있는가 하니
사타구니 흰 검은 말, 누렇고 흰 말
가라말과 그리고 노랑 절따말
수레 달고 겅중겅중 뛰는 그 모습
참으로 한정없이
좋은 말일세
〔原詩〕
駉駉牡馬
在坰之野
薄言駉者
有驈有皇

有驪有黃
以車彭彭
思無疆
思馬斯臧

☑ 商 頌

△ 아름다워라(那)

아름다워라, 북소리 울리는구나
여기 궁뜰에서 소고를 치면
북소리 울려 멀리 둥둥
공덕 있는 조상께서 즐기시련가
후손이 드리는 풍악 들으시고
우리 뜻 그대로 하강하소서
소고를 울려 멀리 둥둥
필리리 여기 피리 소리
울리는 그 소리 화평하여라
맑은 경쇠소리 감싸 안은 듯
빛나라, 탕왕의 후예
그윽하다, 저 풍류 소리
쇠북과 큰 북이 울려 퍼지고
가지가지 춤을 추네, 태평성대로다

제사를 도우러 오신 손들도
한결같이 얼굴에 즐거운 기색
멀리 아득한 옛날 옛적에
조상들이 정하신 법도 그대로
아침저녁으로 한마음 한뜻
삼가고 공경하여 섬기니
제사를 드리니 가을, 겨울
후손은 삼가 드립니다.

〔原詩〕

猗與邦與

置我鞉鼓

奏鼓簡簡

衎我烈祖

湯孫奏假

綏我思成

鞉鼓淵淵

嘒嘒管聲

旣和且平

依我磬聲

於赫湯孫

穆穆厥聲

庸鼓有斁

萬舞有奕

我有嘉客

亦不夷懌
自古在昔
先民有作
溫恭朝夕
執事有恪
顧予烝嘗
湯孫之 將

周　易

1 경전으로서의 확립

역(易)이 경(經)과 10익(十翼)을 갖추어서 완성을 이룬 것은 한나라 초기였다. 진시황의 대통을 받아서 성립한 한나라는 실로 문화가 찬란했다. 그러나 시황의 치세는 얼마되지 못했고, 그 뒤에 일어난 전란의 격렬함은 소위 전국시대라는 명칭이 한나라 초기에까지 계속된 것을 말해 준다. 사상면으로는 더욱 그러했다.

시황의 가혹한 법적 통제는 쉽게 무너지고 사상계는 다시 활발한 제자백가(諸子百家) 시대를 재현했다. 여러 양상을 띤 경향을 가진 사상가들이 서로 타파와의 절충을 피하면서 새로 통일된 국가를 위하여 통일된 이론을 세우고자 경쟁했다.

한나라 고조는 원래는 방탕한 협자였다. 그러나 전쟁이 끝나면서부터, '폐하는 말 위에서는 천하를 얻었지만 말 위에서 천하를 다스릴 수는 없습니다'라고 간한 육가(陸賈)의 명언이 상징하듯이, 그의 유자에 대한 태도는 크게 변화했다. 이 ≪역≫이 유자의 손에 의해서 상징성을 더하여 정비된 것은 실로 이런 상황 아래서 이루어졌다.

무제 5년(BC 136), 이것은 한나라 건국 후 70년이 지난 때지만, 유교는 한나라의 국교로서 정해졌다. 대학이 설립되어 〈易〉·〈書〉·〈詩〉·〈禮〉·〈春秋〉 5경을 위해서 각각 강좌를 벌이고 전문적인 선생들을 초빙하여 가르치게 했다. 고급 관리가 되고자 하는 자는 반드시 유교의 학문을 닦지 않으면 안 되었다. 여기에서 중국 사회를 오랫동안 지배하게 된 체제가 시작되었다.

이리하여 ≪역≫은 유교의 경전으로서 '3경(三經)' 속의 하나라는 지위를 차지하는 중요한 글이 되었다. 원래는 일부 사람들에게서 이것은 사상적으로 볼 것이 없는 한 개 점서(占筮)의 서적으로서, 진(秦)의 분서(焚書)에도 끼지 못했을 것이라는 혹평까지도 받아 왔었다. 이 ≪역≫이 얼마 뒤 파격적으로 중요시된 원인은 대체 무엇일까? 그것은 물론 내용이 시대의 추세에 적합한 사상성을 갖추었기 때문이다. 이렇게 볼 때 경전으로서의 확립은 실은 그것이 보잘것없는 점치는 책이 아니고 사상의 서(書), 의리의 서이기도 하다는 것을 공공연하게 인정받았음을 뜻한다.

2 ≪역≫의 사상

역≪易≫의 사상의 핵심은 양과 음, 즉 강(剛)과 유
(柔), 건(乾)과 곤(坤)의 대립이라는 음양이원론(陰陽
二元論)이다. 모든 사물 중에 고립하여 존재되는 것은
없다. 반드시 반대가 되는 것이 있어서 그것과 대립함
으로써 통일된 세계를 이룬다.

모든 변화는 이 음양의 대립에서 생겨난다. 대립이
없는 곳에는 변화가 없다. 건과 곤의 관계가 역의 핵심
이라고 해도 좋다. 건과 곤이 대립함에 의해서 비로소
변화가 이루어진다. 건곤 중에서 어느 한쪽이 없어지면
변화는 생기지 않는다. 따라서 뒤에 남아 있는 것이 건
이든 곤이든간에 움직임은 중단되고 만다.

음은 유·약·저·암·수동적·여성적인 것이다. 양
은 강(剛)·강·고·명·능동적·남성적인 것이다. 그
러나 이 두 가지는 고정적·절대적인 것이 아니고, 항
상 서로 변화한다. 음은 양으로 변하고, 양은 음으로 변
한다. ≪역≫에 있어서의 변화는 이러한 음양의 소장
(消長)이나 교체가 기본이다.

'사상(事象)은 궁극에 도달하면 변화한다. 변화하는
것에 의해서 새로운 발전이 이루어진다.'

태양〔陽〕은 중천에 떠오르면 차츰 지기 시작한다. 그

리고 밤이 되면 달[陰]이 뜬다. 여름[陽]과 겨울[陰]은
서로 교체하여 1년을 이룬다. 모든 것은 이렇게 순환하
면서 변화를 이루고 있다.

물론 변화는 순환하는 것만은 아니다. 음양은 서로
작용하는 것에 의해서 새로운 것을 만들어내기도 하고
발전시키기도 한다. 하늘은 에너지를 방출하고 땅은 그
것을 받아들여서 만물이 나고 발육된다. 남녀의 정(精)
이 일체가 되어야만 새로운 생명을 낳는다. 이러한 음
양은 서로 소장하는 것에 의해서 순환한다. 서로 움직
이는 것에 의해서 새로운 발전을 낳는다. 우주 만물은
이 법칙 아래서 부단히 변화하고 발전한다. 이것이 이
≪역경≫에 있어서의 변증법적 우주인식이다. 이 변증
법적 우주관은 그 뒤의 중국인의 사고방식에 깊게 침투
해서 현대 사상 속에까지 살아남아 있다.

이러한 우주 변화의 법칙은 물론 인간까지도 지배한
다. 그러나 인간은 우주의 변화에 대해서 오직 수동적
일 뿐이다.

'사람은 우주의 근원원리를 체득함에 의해서 천지와
같은 지위를 획득한다.'
                                        ≪繫辭上傳≫

천지와 같은 지위를 획득한 인간은 그 법칙을 자기
마음대로 함으로써 부단한 변화 속에서 스스로 자기 운
명을 타개해 나간다.

≪역≫에서 말한 실천 윤리의 근본은 '시(時中)'이다.
변화는 때의 흐름과 함께 있다. 시시각각의 변화에 대해

서 그 본질을 탐구하고 그것에 의해서 행동하는 것이 바로 '시중'이다. 이것은 결코 시세를 따라서 흐르지 않는다. 그와는 반대로 역사의 본질을 파악하여 눈앞의 사상(事象)에 움직이려 하지 않는 것이 시중이다. 시류(時流)를 타고 흐르는 것은 시류와 함께 망하게 마련이다.

우주의 순환적 변천은 인간 사회에도 해당된다. 지나치게 성한 것은 멀지 않아 망한다. 권세를 휘두르는 자에게는 파멸이 가깝다. 계사전≪繫辭傳≫에 문왕이 ≪역≫을 지었다는 말이 두 군데 나온다. 폭군 주왕 때문에 유리(羑里)에 유폐당한 문왕이 ≪역≫을 지었다는 것이다. ≪계사전≫을 쓴 사람은 이 ≪역≫을 지은 목적을 '두려워하고 삼가하는 자는 편안할 수 있고, 남을 업신여기고 경솔히 구는 자는 파멸한다'라는 말에 있다고 했다. 이 ≪계사전≫이 언제 지어졌는지는 모른다. 그러나 이것은 '진시황 때이다'라는 주장이 정당할 것이다. ≪역≫은 오직 점서의 글이라 해서 분서를 면했다. 그리하여 진나라의 엄혹한 사상 통제 밑에서 지식인들은 이 ≪역≫의 주석이라는 형식으로 자기들의 의사를 표명했을 것이다.

3 ≪역≫의 구성

　≪역≫ 전체는 64괘(卦)로 이루어져 있다. 사실 이 ≪역≫은 ≪주역≫ 또는 ≪역경≫이라고 불리지만 그 내용은 모두 64괘에 대한 설명이다. 점은 이 64괘에 의해서 행해진다. 이 64종류의 괘의 모양은 8괘를 기초로 하여 이루어졌고, 8괘의 근본은 ━ 로 표시하는 양성의 부호와 -- 로 표시하는 음성의 부호를 합쳐 만든 것들이다.

　이렇게 ≪역≫의 구성은 우선 ━ 과 -- 의 두 종류의 부호로부터 시작된다. 그러나 그 부호가 본래 무엇을 의미했던 것인지 명백히 설명할 수 없다. 이것을 남녀의 생식기를 상징한 것이라고도 하고, 또는 거북의 껍데기를 태워 점칠 때 쪼개진 것을 뜻하는 것이라고도 한다.

　≪역≫의 구성은 또 수(數)의 개념과도 관계 깊다. 그러므로 이 부호는 一과 二, 즉 홀수와 짝수를 표한 것이라고도 볼 수 있다. 그렇다면 홀수를 양으로 보고 짝수를 음으로 본다는 ≪역≫의 입장과도 합치된다. 그러나 이런 말들은 다만 상상에 지나지 못한다. 어쨌든 이 두 종류의 부호는 양강(陽剛)과 음유(陰柔)라는 반

대되는 성질을 표시하였던 것이다.

　이 두 종류의 부호를 하나씩 쓴 두 개가 합쳐진 것을 생각하면 네 가지의 변화를 가져온다. 다시 한 개를 더해서 세 개를 가지고 생각하면 여덟 가지 변화를 가져온다. 이것이 이른바 8괘다. 여기에서 비로소 괘로서의 의미가 생기고 그리하여 64괘의 기초가 정해진다.

　이것을 그림으로 표시하면 다음 그림과 같이 두 개의 부호를 가지고 네 가지 그림을 그리면 이것이 여덟이 된다는 것은 수리적으로 정해진 것이다. 여기에서 비로소 괘로서의 의미가 생긴다.

	陰				陽		
坤 地	艮 山	坎 水 雨,雲	巽 風 木	震 雷	離 火 日,電	兌 澤	乾 天
母	少男	中男	長女	長男	中女	少女	父君
腹	手	耳	股	足	目	口	首
牛	狗	豕	鷄	龍	雉	羊	馬
順	止	陷	入	動	麗	說	健

이 괘로써 표시하는 뜻을 괘의 상(象)이라고 한다. 《역》은 성인(聖人)이 세계의 모습을 관찰해서 그것을 괘의 형상으로 상징화했다고 하는 것이 옛날부터 내려오는 전설이다. 그러면 8괘의 상이란 무엇일까? 자세한 것은 《역》의 〈설괘전(說卦傳)〉에 나와 있다.

8괘의 상에는 여러 가지가 있다. 그러나 이들 중에서 가장 중요시되는 것은 '천'·'지' 같은 자연 현상이다. 인간에게 있어서의 부·모라고 하는 조직이나, 인간의 몸에 있는 여러 부분에도 해당된다. 또 가축을 포함하는 조수(鳥獸)의 이름에까지도 해당되지만 《역》에 전체적으로 가장 깊은 관계가 있는 것은 역시 자연 현상이다.

8괘에는 또 이러한 주체적인 물체와는 별도로 특수한 여덟 개의 성질이 배당되어 있다. 건괘(乾卦)에는 건실하다는 성질이 있고, 곤의 괘에는 순한 성질이 있다고 한다. 이것은 괘의 움직임으로서 괘상과는 구별해서 생각할 필요가 있다. 이것은 괘의 덕이라고 한다. 이 괘상·괘덕에 대해서도 위에 소개한 그림에 겸해서 표시했다.

다음으로 괘사(卦辭)란 무엇인가? 괘사란 하나의 괘의 전체의 형태에 대한 해석이다. 《역》은 64괘로 성립되어 있기 때문에 괘사도 물론 64조목이 있게 마련이다.

64괘 모두가 세계 만물을 상징하는 것으로 저마다의 괘에는 특별한 뜻이 있어서 그것을 상이라고 한다고 앞에서 말했다. 그 다음은 괘사다. 괘사는 그 괘의 전체로서의 뜻, 즉 괘상을 설명한 것이다. 그것은 괘의 이름과 밀접히 연결된 때도 있지만, 괘의 이름과는 별도로 발전한 뜻을 표현할 때도 있다.

건의 괘에 대해서는 '원형리정(元亨利貞)'이라는 네 글자가 있다. 이것을 '크게 형통한다. 곧아야 이롭다'라고 풀이한다.

곤에 대해서는 조금 길다. '크게 형통한다. 암말의 곧음에 이롭다. 군자가 갈 곳이 있을 때, 먼저 가면 어릿거리고 뒤에 가면 얻을 것이니 이로움을 주장한다. 서남쪽은 친구를 얻고 동북쪽은 친구를 잃을 것이다. 마음이 편안하고 바르면 길할 것이다.'

이것은 아무리 봐도 점치는 말이다. 곤의 괘는 음성의 주도이기 때문에 '크게 형통한다'로 되어 좋은 괘임에 틀림없다. 하지만 앞장서서 가면 못 쓴다. 모든 일을 남의 뒤를 따라 행하면 성공한다. 방위는 서남쪽이 좋다. 요컨대 망동(妄動)하지 말고 안정하여 내 몸을 바르게 지키면 길하다는 것이다.

이 짧은 예로써도 알 수 있듯이 괘사(卦辭)의 뜻이란 너무도 난해하다. 모처럼 글이 있는데도 그 말을 해석하기가 몹시 힘들다. 이 때문에 점의 묘미가 있는 것인지도 모른다. 그 중에서도 제일 풀기 어려운 것은 그 괘의 이름이나 괘사와 그 괘의 부호와의 필연적 결합을 충분히 알 수 없다는 것이다. 가령 송(訟)의 괘에서는

≡ ≡의 모양이 괘의 이름을 표시하는 것과 같은 소송
(訴訟)이라는 뜻이 되어 '성실함도 있으나 막히는 일도
있다……' 등과 같이 설명되는 것일까? 이러한 의문은
건이나 곤괘 이하 다른 괘에 대해서도 크든 작든 마찬
가지다. 그것을 괘의 상(象)으로 하여 설명하려고 애쓴
것이 바로 단전(彖傳)과 상전이다.

효사(爻辭)란 한 개의 괘를 구성하는 6효(爻)의 하나
하나에 대한 해석이다. 효의 수는 바로 ≪역≫의 전체로
서 모두 3백84개가 된다. 그러므로 효사도 역시 3백84
개가 되는 셈이다. 다만 건과 곤에는 특별히 그 6효를
종합한 1조씩이 더해져 있기 때문에 효사의 수는 결국
3백86조가 되는 셈이다.

64괘의 하나하나의 효에는 일정한 이름이 있다. 이
여섯 가지의 이름은 아래서부터 초이삼(初二三)이라고
센다. 여기에 음양을 배합시켜서 부르는 것이다. 다만
음과 양은 그대로는 나타내지 않고 음은 짝수의 6, 양
은 홀수의 9로 대표시킨다. 그러므로 맨밑에 있는 양효
는 초구(初九)라고 하고 제일 위에 있는 음효는 상륙
(上六)이라고 부른다. 2부터 5까지는 뒤에서부터 불러
구이(九二), 또는 육삼(六三)이라고 부른다. 건의 구이
라든지, 곤의 초육이라고 하면, 이것이 어떤 모양의 괘
의 어떤 효를 가르키는 것인지를 금세 알게 된다. 효사
는 저마다의 효의 이름 밑에 쓰어 있다.

건의 효사의 예를 보자.

初九　潛龍勿用

九二　見龍在田 利見大人

九三　君子 終日乾乾 夕惕若 厲无咎

九四　或躍在淵 无咎

九五　飛龍在天 利見大人

上九　亢龍有悔

用九　見羣龍 无首吉

　최후의 용구는 곤의 용륙과 함께 특별히 보태어진 예외적인 한 조목이다. 하지만 이것까지 포함해서 전체가 용(龍)으로 통일되어 있다는 것을 알 수 있다. 그리고 '잠룡'에서 '견용', '비용', '항룡'에 이르는 말은 여섯 위치의 상승을 표현한 것으로서 그다지 이해하지 못할 것은 없다. 하지만 다만 구삼에는 용이란 말은 없고 앞뒤 말과 맞지 않는 것이라든가, 또 건의 괘가 왜 용이 되느냐 하는 것은 역시 의심나는 일이다.

　하지만 건괘의 효사는 그런 대로 알기 쉬운 편이다. 다른 효사는 괘사에 비해 더욱 알기 어렵다.

　송괘(訟卦)의 예를 더 들어보자.

初六　不永所事 小有言 終吉

九二　不克訟 歸而逋 其邑人三百戶 无眚

六三　食舊德 貞厲終吉 或從王事无成

九四　不克訟 復卽命 渝安貞吉

九五　訟 元吉

上九　或錫之盤帶 終朝三褫之

괘사에 대해서 단전(彖傳)이나 대상(大象)이 있듯이 효사에는 상전(象傳)이라는 해설이 있어서, 효사의 하나하나를 괘효의 모양에 대하여 설명했다. 이것을 읽어도 결코 충분히 알 수는 없지만 위에 예로 든 본문만으로는 더구나 알 수가 없다. '송'의 경우 괘의 이름과는 어느 정도 관련이 있는 것 같지만 전체의 연결이 애매하고 또 구절 하나하나의 글 뜻도 확실히 알 수 없는 곳이 있다.

괘사나 효사가 이와 같이 알기 어렵고 일관성없는 구성으로 이루어진 것은 실은 ≪역≫의 성립의 사정에 문제가 있었기 때문일 것이다.

끝으로 이 ≪역≫은 천도(天道)를 미루어서 인사에 이르기까지, 광대하고 심오한 것이 하나도 갖추어지지 않은 것이 없다. 그러므로 ≪역≫은 수양의 글이요, 경륜의 글이요, 입명(立命)의 글이라고 한다. 이것을 배워서 자기 몸을 닦을 것이요, 사업을 일으킬 것이다. 부귀하고 득의할수록 이것을 읽어야 한다. 불우하고 빈한해질수록 이것을 배워야 한다. 이것으로써 부귀와 안녕을 보존할 수 있을 것이요, 불우와 빈천을 면할 수 있을 것이다. ≪주역≫은 점서의 글인 동시에 우주철학의

글이다. 우주와 인간과의 불가분의 관계를 보고 세운
인생관과 우주관을 이 ≪역≫을 통하여 엿볼 수 있다.

　이와 동시에 천문·지리·동물·식물·광물과 그밖
의 천만 가지 사물에 대해서 무한한 시사를 주는 것이
이 ≪역≫이기도 하다. 이 ≪역≫을 공부하면 그 맛이
무궁무진해짐에 의심할 여지가 없다.

周易 上經

1 ☰☰ (乾上乾下) 건은 하늘이다.(乾爲天)

건(乾)은 크게 형통한다. 곧아야 이롭다.

〔初九〕 물 속에 잠겨 있는 용이다. 뛰지 말아야 할 것이다(힘을 기르며 때를 기다려야 한다).

〔九二〕 용이 나타나 밭에 있다. 대인을 만나면 이롭다(덕의 은혜가 천하에 두루 미친다. 뛰어난 인물의 지도를 받는 것이 좋다).

〔九三〕 군자가 종일 애써서 도(道)를 반복하고, 저녁에는 반성하고 삼간다면 위태로우나 허물을 면할 수 있을 것이다(행운을 타고 지나치게 행동하기 쉬우니 조심하는 게 좋다).

〔九四〕 혹은 뛰어 못에 와 있으니 허물이 없을 것이다(나아가고 물러섬에 신중하게 시험하고 삼가해야 한다).

〔九五〕 나는 용이 하늘에 있다. 대인을 만나야 이로우리라(덕있는 자가 극치에 이르렀으나, 그래도 아직은 뛰어난 인물의 보살핌이 유익할 것이다).

〔上九〕 다 올라간 용이다. 뉘우침이 있으리라(극치에 이르렀으나 영원한 것은 아닌 법. 차면 기울어지는

것이 자연의 법칙이니 이를 알아야 한다).

〔用九〕 무리를 이룬 용이 구름 속에 있으나 머리를 감추고 있으니 좋은 일이다(위대한 자연의 은혜도 그것을 자랑하여 내세우지 않고, 한 걸음 물러나 스스로 겸허하는 것이다. 이러고서야 어찌 길하지 않으랴).

단전(彖傳)에 말했다.

'크도다, 건의 원기여, 만물이 이에 의지하여 비롯하니 곧 하늘을 다스릴 것이다. 구름을 가게 하고 비를 오게 하며, 만물을 나뉘게 하고 형상을 이루게 한다. 크게 처음과 끝을 밝히면 우주가 때에 알맞게 이루어질 것이다. 때때로 육룡(六龍)을 타고 하늘을 달리는 것과 같다. 건(乾)의 도는 변화하여 저마다 본바탕의 작용을 바르게 하며 크게 조화하여 합쳐지는 것이니, 곧 이롭고 바르다. 만물을 낳게 하고 모든 나라가 평안해지리라.'

대상(大象)에 말했다.

'하늘의 운행은 건전하니 군자는 이를 따라 쉬지 않고 힘써야 한다. 숨어 있는 용을 쓰지 마라 한 것은 양(陽)이 아래에 있기 때문이다. 나타난 용이 밭에 있음은 덕을 두루 베푸는 것이다. 하루종일 쉬지 않고 애쓰면 도를 거듭하는 것이다. 혹은 뛰어서 못에 있을지도 모른다는 것은 나아감에 탈이 없다는 것이다. 나는 용이 하늘에 있다 함은 대인이 되는 일이다. 다 오른 용에 뉘우침

이 있다는 것은 차면 오래 가지 못한다는 것이다. 용구
(用九)는 하늘의 덕이 으뜸은 아니라는 것이다.'

문언(文言)에 말했다.

'원(元)이란 선(善)이 자란 것이요, 형(亨)이란 아름
다움의 모임이요, 이(利)란 의(義)가 조화됨이요, 정
(貞)이란 사물의 근간이 되는 것이다. 군자는 인(仁)을
체득하였으니, 충분히 모든 사람의 어른이 될 수 있다.
아름다움이 모인 것은 예(禮)에 합당할 것이며, 사물을
이롭게 하는 것은 의(義)에 화합할 것이며, 바르고 군
은 것은 일의 근간이 될 것이다. 군자는 이 네 가지를
실천하는 사람이다. 그러므로 건은 크고 형통하고 이롭
고 바르다.'

[初九]에 말한, 물에 잠긴 용이니 쓰지 마라 함은 무
엇인가? 공자가 말하기를, 용과 같이 덕은 있으나 숨어
있는 이를 뜻함이니 시세의 이를 좇아 뜻을 바꾸며 이
름을 이루려 하지 않고, 숨어살지만 근심이 없고 (자기
를) 옳다고 하지 않더라도 고민하지 않으며 즐거우면
나아가고 근심되면 물러나며 확고하여 그 뜻을 뺏을 수
없으니, 그것이 숨어 있는 용이라고 하였다.

[九二]에 말한, 나타난 용이 밭에 있으니 대인을 봄
이 이롭다 한 것은 무엇인가? 공자가 말하기를, 용과
같은 덕을 지닌 이가 바로 뜻을 얻으니, 중용을 얻은

말에 믿음이 있고 중용에 맞게 행동을 삼가하며 사악함을 막고 자기의 정성을 다하여 세상에 도움을 주면서도 자랑하지 않고 덕을 넓혀 감화시킨다고 하였다. ≪역≫에 말하기를 나타난 용이 밭에 있으니 대인을 봄이 이롭다 한 것은 임금의 덕을 말한 것이다.

〔九四〕 혹은 뛰어 못에 와 있으면 탈이 없다 함은 무엇인가? 공자가 말하기를, 오르기도 하고 내리기도 하여 일정하지는 않으나 사악하지 않다. 나아가기도 하고 물러서기도 하여 일정한 때가 없으나 무리를 떠나지 않기 때문이다. 군자가 덕에 나아가고 업(業)을 닦음은 때에 맞추려 하기 때문이다. 그러므로 허물이 없다.

〔九五〕 나는 용이 하늘에 있으니 대인을 봄이 이롭다 함은 무엇인가? 공자가 말하기를, 같은 소리는 서로 응하고 같은 기운은 서로 구한다. 물은 흘러 습하게 하고 불은 나아가 마르게 한다. 구름이 용을 따르고 바람은 범을 따른다. 성인이 일어나 만물이 보이게 된다. 하늘에 바탕을 둔 것은 위와 친하고 땅에 바탕을 둔 것은 아래와 친하니, 곧 저마다 갈래를 좇는 것이라 했다.

〔上九〕 다 오른 용은 뉘우침이 있다 함은 무엇인가? 공자가 말하기를, 귀하지만 자리가 없고 높지만 백성이 없다는 것이다. 어진 사람이 아랫자리에 있어도 돕는 이가 없으니, 이리하여 움직이면 뉘우침이 있을 것이라 했다.

물에 잠겨 있는 용을 쓰지 마라 한 것은 밑에 있기

때문이다. 나타난 용이 밭에 있음은 때를 버렸기 때문
이다. 종일 쉬지 않고 애씀은 일을 하는 것이다. 혹은
뛰어 못에 와 있음은 스스로를 시험하는 것이다. 나는
용이 하늘에 있음은 위에서 다스리는 것이다. 오른 용
이 뉘우침이 있음은 궁극에 이르면 재앙이 있다는 것이
다. 건(乾)의 큼을 아홉 가지로 쓰는 것은 천하를 다스
리기 때문이다.

물에 잠겨 있는 용을 쓰지 마라 함은 양기가 물에 잠
겨 숨어 있기 때문이다. 나타난 용이 밭에 있다 함은
천하가 문명(文明)함이다. 종일 쉬지 않고 애씀은 때에
맞추어 행하는 것이다. 혹은 뛰어 못에 와 있음은 건도
(乾道)가 곧 새로워지는 것이다. 나는 용이 하늘에 있
음은 곧 하늘의 덕에 위치하고 있는 것이다. 다 오른
용에 뉘우침이 있음은 때와 함께 궁극에 이른 것이다.
건의 큼을 아홉 가지로 씀은 곧 하늘의 법칙을 나타낸
것이다.

건의 광대무변함은 만물형통의 시초요, 이롭고 바름
은 곧 성정(性情)을 의미하는 것이다. 건의 시작은 능
히 아름다운 이(利)로써 천하를 이롭게 하지만, 그러나
이롭게 한 것을 말하지 않으니 참으로 위대하다. 크도
다, 건이여. 강하고 굳으며 올바르고 순수하며 정밀하
다. 6효(六爻)가 발휘하여 나타내며 정밀하므로 두루
통한다. 때때로 육룡을 타고 하늘을 달린다. 구름이 가
고 비를 내리게 하니 천하가 태평해진다.

군자는 덕을 이루는 것으로 행동을 삼아 날마다 이것을 행동으로 나타낸다. 잠겨 있다 함은 숨어 있어 나타나지 않으며, 행동이 이루어지지 못한 상태이다. 그러므로 군자는 이를 쓰지 않는 것이다. 군자는 배움으로 그것을 모으고 물음으로 그것을 분별하며 너그러움으로 처신하고 인으로써 행한다. ≪역≫에 나타난 용이 밭에 있으나 대인을 만남이 이롭다 한 것은 임금의 덕을 말한 것이다.

〔九三〕은 강함을 포갠 것이지만 알맞지 못하여 위로는 하늘에 있지 못하고 아래로는 밭에 있지도 못한다. 그러므로 쉬지 않고 애쓰며 때에 따라 두려워하니 비록 위태로우나 허물이 없다.

〔九四〕는 강함을 포갠 것이지만 알맞지 못하여 위로는 하늘에 있지 못하고, 아래로는 밭에 있지 못하며, 가운데로는 사람에게도 있지 못한다. 그러므로 '혹시'라고 한다. 이렇게 의심을 가지게 되니 허물이 없다. 대인이라 함은 천지와 더불어 덕이 합일하고 일월(日月)과 더불어 밝음이 맞먹으며, 사시(四時)와 함께 질서가 합일하고 귀신과 더불어 길흉이 맞먹으니, 하늘에 앞서도 하늘에 어긋나지 않으며 하늘에 뒤져도 하늘의 때를 받는다. 하늘도 어긋나지 않거늘 하물며 사람에게 있어서랴. 하물며 귀신에게 있어서랴. 항(亢)이란 말은 나아가는 것만 알고 물러서는 것을 모르며, 사는 것만 알고 죽는 것을 모르며, 얻는 것만 알고 잃는 것은 모른다.

그것은 오직 성인이나 괜찮을까? 진퇴존망을 알아 바름
을 잃지 않는 자, 그것은 오직 성인만이 할 수 있다.

原文

乾元亨利貞 初九潛龍勿用 九二見龍在田利見大人 九三君
子終日乾乾夕惕若厲无咎 九四或躍在淵无咎 九五飛龍在
天利見大人 上九亢龍有悔 用九見羣龍无首吉

彖曰 大哉乾元 萬物資始乃統天 雲行雨施品物流形 大明
終始六位時成 時乘六龍以御天 乾道變化各正性命保合大
和乃利貞 首出庶物萬國咸寧

象曰 天行健君子以自强不息 潛龍勿用陽在下也 見龍在田
德施普也 終日乾乾反復道也 或躍在淵進无咎 飛龍在天大
人造也 亢龍有悔盈不可久也 用九天德不可爲首也文言曰
元者善之長也 亨者嘉之會也 利者義之利也 貞者事之幹也
君子禮仁足以長人 嘉會足以合禮 利物足以利義 貞固足以
幹事 君子行此四德者 故曰乾无亨利貞

初九曰 潛用勿用何謂也 子曰 龍德而隱者也 不易乎世不
成乎名 遯世无悶不見是而无悶 樂則行之憂則違之 確乎其
不拔 潛龍也

九二曰 見龍在田利見大人 何謂也 子曰龍德而正中者也
庸言之信庸行之謹 閑邪存其誠 善世而不伐 德博而化 易
曰見龍在田利見大人 君德也

九三曰 君子終日乾乾 夕惕若厲无咎 何謂也 子曰 君子進

德修業 忠信所以進德也 修辭立其誠所以居業也 知至至之
可與幾也 知終終之可與存義也 是故居上位而不驕 在下位
而不憂 故乾乾因其時而惕雖危无咎矣

九四曰 或躍在淵无咎 何謂也 子曰 上下无常非爲邪也 進
退無恒非離羣也 君子進德修業欲及時也 故无咎

九五曰 飛龍在天利見大人 何謂也 子曰 同聲相應同氣相
求 水流濕火就燥 雲從龍風從虎 聖人作而萬物覩 本乎天
者親上 本乎地者親下 則各從其類也

上九曰 亢龍有悔 何謂也 子曰 貴而无位高而无民 賢人在
下位无輔 是以動而有悔也

潛龍勿用下也 見龍在田時舍也 終日乾乾行事也 或躍在淵
自試也 飛龍在天上治也 亢龍有悔窮之災也 乾元用九天下
治也

潛龍勿用陽氣潛藏 見龍在田天下文明 終日乾乾與時偕行
或躍在淵乾道乃革 飛龍在天乃位乎天德 亢龍有悔與時偕
極 乾元用九乃見天則 乾元者始而亨者也 利貞者性情也
乾始能以美利利天下 不言所利大矣哉 大哉乾乎 剛健中正
純粹情也 六爻發揮旁道精也 時乘六龍以御天也 雲行雨施
天下乎也

君子以成德爲行 日可見之行也 潛之爲言也 隱而未見行而
未成是以君子弗用也 君子學以聚之 問以辨之 寬以居之
仁以行之 易曰 見龍在田利見大人君德也 九三重剛而不中
上不在天下不在地 故乾乾因其時而惕雖危无咎矣 九四 重

剛而不中上不在天下不在田中不在人故或之　或之者疑之
也故无咎　夫大人者與天地其合其德　與日月合其明　與四時
合其序　與鬼神合其吉凶　先天而天不違　後天而奉天時　天
且弗違而況於人乎　況於鬼神乎　亢之爲言也知進而不知退
知存而不知亡　知得而不知喪　其唯聖人乎　知進退存亡而不
失其正者　其唯聖人乎

2　≡≡ ≡≡ (坤上坤下) 곤(坤) 곤은 땅이다(坤爲地).

곤은 크고 형통하며 암말의 올바름에 이롭다. 군자가
가야 할 곳이 있으나 앞서면 미혹되고, 뒤서면 목적을
얻어 이로울 것이다. 서남쪽에서는 친구를 얻고, 동북
쪽에서는 친구를 잃을 것이다. 올바름에 안정하니 길할
것이다.……

原文

坤元亨　利牝馬之貞　君子有攸往　先迷後得主利　西南得
朋東北喪朋　安貞吉……

3　≡≡ ≡≡ (坎上震下) 준(屯) 물과 천둥은 준이다(水雷屯).

4　≡≡ ≡≡ (艮上坎下) 몽(蒙) 산과 물은 몽이다(山水蒙).

5　≡≡ ≡≡ (坎上乾下) 수(需) 물과 하늘은 수다(水天需).

6　≡≡ ≡≡ (乾上坎下) 송(訟) 하늘과 물은 송이다(天水訟).

7　≡≡ ≡≡ (坤上坎下) 사(師) 땅과 물은 사다(地水師).

8　≡≡ ≡≡ (坎上坤下) 비(比) 물과 땅은 비다(水地比).

9 ☴☰ (巽上乾下) 소축(小畜)　바람과 하늘은 소축이다 (風天小畜).

10 ☰☱ (乾上兌下) 이(履)　하늘과 못은 이다(天澤履).

11 ☷☰ (坤上乾下) 태(泰)　땅과 하늘은 태다(地天泰).

12 ☰☷ (乾上坤下) 비(否)　하늘과 땅은 비다(天地否).

13 ☰☲ (乾上離下) 동인(同人)　하늘과 불은 동인이다 (天火同人).

14 ☲☰ (離上乾下) 대유(大有)　불과 하늘은 대유다(火 天大有).

15 ☷☶ (坤上艮下) 겸(謙)　땅과 산은 겸이다(地山謙).

16 ☳☷ (震上坤下) 예(豫)　천둥과 땅은 예다(雷地豫).

17 ☱☳ (兌上震下) 수(隨)　못과 천둥은 수이다(澤雷隨).

18 ☶☴ (艮上巽下) 고(蠱)　산과 바람은 고이다(山風蠱).

19 ☷☱ (坤上兌下) 임(臨)　땅과 못은 임이다(地澤臨).

20 ☴☷ (巽上坤下) 관(觀)　바람과 땅은 관이다(風地觀).

21 ☲☳ (離上震下) 서합(噬嗑)　불과 천둥은 서합이다 (火雷噬嗑).

22 ☶☲ (艮上離下) 비(賁)　산과 불은 비다(山火賁).

23 ☶☷ (艮上坤下) 박(剝)　산과 땅은 박이다(山地剝).

24 ☷☳ (坤上震下) 복(復)　땅과 천둥은 복이다(地雷復).

25 ☰☳ (乾上震下) 무망(无妄)　하늘과 천둥은 무망이다 (天雷无妄).

26 ☶☰ (艮上乾下) 대축(大畜)　산과 하늘은 대축이다 (山天大畜).

27 ☰☷ (艮上震下) 이(頤) 산과 천둥은 이다(山雷頤).

28 ☱☴ (兌上巽下) 대과(大過) 못과 바람은 대과다(澤風 大過).

29 ☵☵ (坎上坎下) 습감(習坎) 감은 물이다(坎爲水).

30 ☲☲ (離上離下) 이(離) 이는 불이다(離爲火).

周易 下經

31 ☱☶ (兌上艮下) 함(咸) 못과 산은 함이다(澤山咸).

32 ☳☴ (震上巽下) 항(恒) 천둥과 바람은 항이다(雷風恒).

33 ☰☶ (乾上艮下) 둔(遯) 하늘과 산은 둔이다(天山遯).

34 ☳☰ (震上乾下) 대장(大壯) 천둥과 하늘은 대장이다(雷天大壯).

35 ☲☷ (離上坤下) 진(晋) 불과 땅은 진이다(火地晋).

36 ☷☲ (坤上離下) 명이(明夷) 땅과 불은 명이다(地火明夷).

37 ☴☲ (巽上離下) 가인(家人) 바람과 불은 가인이다(風火家人).

38 ☲☱ (離上兌下) 규(睽) 불과 못은 규다(火澤睽).

39 ☵☶ (坎上艮下) 건(蹇) 물과 산은 건이다(水山蹇).

40 ☳☵ (震上坎下) 해(解) 천둥과 물은 해다(雷水解).

41 ☶☱ (艮上兌下) 손(損) 산과 못은 손이다(山澤損).

42 ☴☳ (巽上震下) 익(益) 바람과 천둥은 익이다(風雷益).

43 ☱☰ (兌上乾下) 쾌(夬) 못과 하늘은 쾌다(澤天夬).

44 ☰☴ (乾上巽下) 구(姤) 하늘과 바름은 구다(天風姤).

45 ☱☷ (兌上坤下) 췌(萃) 못과 땅은 췌다(澤地萃).

46 ☷☴ (坤上巽下) 승(升) 땅과 바람은 승이다(地風升).

47 ☱☵ (兌上坎下) 곤(困) 못과 물은 곤이다(澤水困).

48 ☱☴ (兌上巽下) 정(井) 물과 바람은 정이다(水風井).

49 ☱☲ (兌上離下) 혁(革) 못과 불은 혁이다(澤火革).

50 ☲☴ (離上巽下) 정(鼎) 불과 바람은 정이다(火風鼎).

51 ☳☳ (震上震下) 진(震) 진은 천둥이다(震爲雷).

52 ☶☶ (艮上艮下) 간(艮) 간은 산이다(艮爲山).

53 ☴☶ (巽上艮下) 점(漸) 바람과 산은 점이다(風山漸).

54 ☳☱ (震上兌下) 귀매(歸妹) 천둥과 못은 귀매이다
(雷澤歸妹).

55 ☳☲ (震上離下) 풍(豊) 천둥과 불은 풍이다(雷火豊).

56 ☲☶ (離上艮下) 여(旅) 불과 산은 여다(火山旅).

57 ☴☴ (巽上巽下) 손(巽) 손은 바람이다(巽爲風).

58 ☱☱ (兌上兌下) 태(兌) 태는 못이다(兌爲澤).

59 ☴☵ (巽上坎下) 환(渙) 바람과 물은 환이다(風水渙).

60 ☵☱ (坎上兌下) 절(節) 물과 못은 절이다(水澤節).

61 ☶☱ (艮上兌下) 중부(中孚) 바람과 못은 중부다(風
澤中孚).

62 ☳☶ (震上艮下) 소과(小過) 천둥과 산은 소과다(雷
山小過).

63 ☵☲ (坎上離下) 기제(旣濟) 물과 불은 기제다(水火
旣濟).

64 ☲☵ (離上坎下) 미제(未濟) 불과 물은 미제다(火水
未濟).

繫辭傳

하늘은 높고 땅은 낮아 건곤(乾坤)이 정해진다. 낮고 높은 것이 베풀어져서 귀천이 자리잡혔다. 움직임과 고요함에 일정함이 있어 강유(剛柔)가 판단된다. 방위는 동류끼리 모이고 물건은 무리끼리 나뉘어지니 길흉이 생긴다. 하늘에 있어서는 형상을 이루고 땅에 있어서는 형체를 이루어 변화가 나타난다.

그러므로 강함과 부드러운 것이 서로 마찰되고 8괘가 서로 움직여 북을 쳐 천둥이 되고 이것을 적셔서 비바람이 된다. 해와 달이 운행하여 한 번 춥고 한 번 더워진다.

건도(乾道)는 남자를 이루고 곤도(坤道)는 여자를 이룬다. 건은 큰 시작을 알고, 곤은 물건을 만든다. 건은 쉬움으로써 알고, 곤은 간략함으로써 능하다. 쉬우면 알기 쉽고 간략하면 곧 따르기 쉽다. 알기 쉬우면 친근함이 있고 따르기 쉬우면 곧 공이 있다. 친함이 있으면 오래 갈 것이고, 공로가 있으면 커질 수가 있다. 오래 갈 수 있는 것은 곧 어진 사람의 덕이요, 커질 수 있는 것은 곧 어진 사람의 사업이다. 쉽고 간단하면 천하의 이치를 얻을 것이요, 천하의 이치를 얻어 올바른 자리가 그 속에 이루어진다.

原文

天尊地卑乾坤定矣 卑高以陳貴賤位矣 動靜有常剛柔斷矣
方以類聚物以羣分 吉凶生矣 在天成象在地成形 變化見矣
是故剛柔相摩八卦相盪 鼓之以雷霆 潤之以風雨 日月運行
一寒一署
乾道成男坤道成女 乾知大始坤作成物 乾以易知坤以簡能
易則易知簡則易從 易知則有親易從則有功 有親則可久有
功則可大 可久則賢人之德 可大則賢人之業 易簡而天下之
理得矣 天下之理得而成位乎其中矣

〈右第一章〉

說 卦 傳

옛날 성인이 역(易)을 만들 적에는 신통하고 밝음을
그윽히 도와 시초[著]를 내었다. 하늘을 셋, 땅을 둘로
하여 수의 근거를 삼고, 음양에서 변화하는 것을 관찰
하여 괘를 세우고, 강유를 발휘하여 효를 내었다. 도덕
에 화하고 따름으로써 의로움을 다스리며, 이치를 다하
고 성질을 다하여 천명에 이르게 되었다.

原文

　昔者聖人之作易也 幽贊於神明而生著 參天兩地而倚數
觀變於陰陽而立卦 發揮於剛柔而生爻 和順於道德而理於

義 窮理盡性以至於天

〈右第一章〉

序 卦 傳

　천지가 있은 뒤에 만물이 생긴다. 천지 사이에 차 있
는 것은 오직 만물이다. 그러므로 이것을 준괘(屯卦)로
받는다. 준이란 차 있다는 것이다. 준은 물건이 처음으
로 난다는 것이다. 물건이 남에는 반드시 어린 것이므
로 이것을 몽괘(蒙卦)로 받는다……

原文

　有天也然後萬物生焉　盈天地之間者唯萬物　故受之以屯
屯者盈也　屯者物之始生也　物生必蒙故受之以蒙……

〈右上篇〉

　천지가 있은 뒤 만물이 있다. 만물이 있은 뒤 부부가
있다. 부부가 있은 뒤 부자(父子)가 있다. 부자가 있은
뒤 군신(君臣)이 있고, 군신이 있은 뒤 상하가 있고, 상
하가 있은 뒤 예의가 있게 된다. 부부의 도리는 오래지
않을 수 없다. 그러므로 항괘(恒卦)로 받는다. 항이란
오랜 것이다. 물건은 오랫동안 그 자리에 있을 수 없다.
그래서 이것을 둔괘(遯卦)로 받는다. 둔이란 물러난다
는 뜻으로 물건은 끝까지 물러날 수 없기 때문에 이것
을 대장괘(大壯卦)로 받는다.

原文

有天地然後有萬物 有萬物然後有男女 有男女然後有夫
婦 有夫婦然後有父子 有父子然後有君臣 有君臣然後有上
下 有上下然後禮儀有所錯 夫婦之道不可以不久也 故受之
以恒 恒者久也物不可以久居其所故受之以遯 遯者退也 物
不可以終遯 故受之以大壯……

〈右下篇〉

雜卦傳

건괘는 강하고 곤괘는 부드럽다. 비괘는 즐겁고 사괘
는 근심스럽다. 임괘, 관괘의 뜻은 혹은 주기도 하고
구하기도 한다. 준괘는 보되 있을 장소를 잃지 않는다.
몽괘는 섞여 있으면서도 드러난다. 진괘는 일어나는 것
이요, 간괘는 멈추는 것이다. 손괘와 익괘는 성하고 쇠
하는 시초이다. 대축괘는 때요, 무망괘는 재난이다. 췌
괘는 모이는 것이요, 승괘는 오지 않는 것이다. 겸괘는
가벼운 것이고, 예괘는 게으른 것이다. 서합괘는 먹는
것이고, 비괘는 색깔이 없는 것이다. 태괘는 보는 것이
고, 손괘는 엎드리는 것이다. 수괘는 까닭이 없는 것이
고, 고괘는 장식하는 것이다. 박괘는 익는 것이고, 복괘
는 돌아오는 것이다.

原文

　乾剛坤柔　比樂師憂　臨觀之義或與或求　屯見而不失其
居　蒙雜而著　震起也艮止也　損益盛衰之始也　大畜時也无
妄災也　萃聚而升不來也　謙輕而豫怠也　噬嗑食也賁无色也
兌見而巽伏也　隨无故也蠱則飭也　剝爛也復反也……

옮긴이 약력

독립운동사편찬위원회
집필위원

저   서
≪윤봉길의사약전≫
≪鵝溪선생약전≫

역   서
≪삼국유사≫ ≪양반전≫ ≪黨義通略≫ ≪연암선집≫ ≪맹자(上)(下)≫
≪공자가어≫ ≪명심보감≫ ≪懲毖錄≫ ≪海東海言≫ ≪춘향전≫
≪목은선생집≫ ≪사명대사집≫ ≪旬五志≫ ≪千字文≫ ≪父母恩重經≫
≪目重經≫ ≪擊蒙要訣≫ ≪효경≫ 외 다수

사서삼경입문   〈서문문고 135〉

개정판 인쇄 / 1998년 3월 15일
개정판 발행 / 1998년 3월 20일
지은이 / 이 민 수
펴낸이 / 최 석 로
펴낸곳 / 서 문 당
주 소 / 서울시 마포구 성산동 103-7호
전 화 / 322—4916~·8 팩스 / 322 9154
등록일자 / 1973. 10. 10
등록번호 / 제13-16

서문문고 목록

001~303

◆ 번호 1의 단위는 국학
◆ 번호 홀수는 명저
◆ 번호 짝수는 문학

001 한국회화소사 / 이동주
002 황야의 늑대 / 헤세
003 고독한 산책자의 몽상 / 루소
004 멋진 신세계 / 헉슬리
005 20세기의 의미 / 보울딩
006 가난한 사람들 / 도스토예프스키
007 실존철학이란 무엇인가/ 볼노브
008 주홍글씨 / 호돈
009 영문학사 / 에반스
010 쯔바이크 단편집 / 쯔바이크
011 한국 사상사 / 박종홍
012 플로베르 단편집 / 플로베르
013 엘리어트 문학론 / 엘리어트
014 모옴 단편집 / 서머셋 모옴
015 몽테뉴수상록 / 몽테뉴
016 헤밍웨이 단편집 / E. 헤밍웨이
017 나의 세계관 /아인스타인
018 춘희 / 뒤마피스
019 불교의 진리 / 버트
020 뷔뷔 드 몽빠르나스 /루이 필립
021 한국의 신화 / 이어령
022 몰리에르 희곡집 / 몰리에르
023 새로운 사회 / 카아
024 체호프 단편집 / 체호프
025 서구의 정신 / 시그프리드
026 대학 시절 / 슈토름
027 태초에 행동이 있었다 / 모로아
028 젊은 미망인 / 쉬니츨러
029 미국 문학사 / 스필러
030 타이스 / 아나톨프랑스
031 한국의 민담 / 임동권
032 비계 덩어리 / 모파상
033 은자의 황혼 / 페스탈로치
034 토마스만 단편집 / 토마스만
035 독서술 / 에밀파게
036 보물섬 / 스티븐슨
037 일본제국 흥망사 / 라이샤워
038 카프카 단편집 / 카프카
039 이십세기 철학 / 화이트
040 지성과 사랑 / 헤세
041 한국 장신구사 / 황호근
042 영혼의 푸른 상흔 / 사강
043 러셀과의 대화 / 러셀
044 사랑의 풍토 / 모로아
045 문학의 이해 / 이상섭
046 스탕달 단편집 / 스탕달
047 그리스. 로마신화 / 벌핀치
048 육체의 악마 / 라디게
049 베이컨 수상록 / 베이컨
050 미농레스코 / 아베프레보
051 한국 속담집 / 한국민속학회
052 정의의 사람들 / A. 까뮈
053 프랭클린 자서전 / 프랭클린
054 투르게네프단편집/투르게네프
055 삼국지 (1) / 김광주 역
056 삼국지 (2) / 김광주 역
057 삼국지 (3) / 김광주 역
058 삼국지 (4) / 김광주 역
059 삼국지 (5) / 김광주 역
060 삼국지 (6) / 김광주 역
061 한국 세시풍속 / 임동권
062 노천명 시집 / 노천명
063 인간의 이모저모/라 브뤼에르
064 소월 시집 / 김정식
065 서유기 (1) / 우현민 역
066 서유기 (2) / 우현민 역
067 서유기 (3) / 우현민 역
068 서유기 (4) / 우현민 역
069 서유기 (5) / 우현민 역
070 서유기 (6) / 우현민 역
071 한국 고대사회와 그 문화
   /이병도
072 피서지에서 생긴일 /슬론 윌슨
073 마하트마 간디전 / 로망롤랑

074 투명인간 / 웰즈
075 수호지 (1) / 김광주 역
076 수호지 (2) / 김광주 역
077 수호지 (3) / 김광주 역
078 수호지 (4) / 김광주 역
079 수호지 (5) / 김광주 역
080 수호지 (6) / 김광주 역
081 근대 한국 경제사 / 최호진
082 사랑은 죽음보다 / 모파상
083 퇴계의 생애와 학문 / 이상은
084 사랑의 승리 / 모옴
085 백범일지 / 김구
086 결혼의 생태 / 펄벅
087 서양 고사 일화 / 홍윤기
088 대위의 딸 / 푸시킨
089 독일사 (상) / 텐브록
090 독일사 (하) / 텐브록
091 한국의 수수께끼 / 최상수
092 결혼의 행복 / 톨스토이
093 율곡의 생애와 사상 / 이병도
094 나심 / 보들레르
095 에머슨 수상록 / 에머슨
096 소아나의 이단자 / 하우프트만
097 숲속의 생활 / 소로우
098 마을의 로미오와 줄리엣 / 켈러
099 참회록 / 톨스토이
100 한국 판소리 전집 /신재효,강한영
101 한국의 사상 / 최창규
102 결산 / 하인리히 빌
103 대학의 이념 / 야스퍼스
104 무덤없는 주검 / 사르트르
105 손자 병법 / 우현민 역주
106 바이런 시집 / 바이런
107 종교론,국민교육론 / 톨스토이
108 더러운 손 / 사르트르
109 신역 맹자 (상) / 이민수 역주
110 신역 맹자 (하) / 이민수 역주
111 한국 기술 교육사 / 이원호
112 가시 돋힌 백합/ 어스킨콜드웰
113 나의 연극 교실 / 김경옥

114 목녀의 로맨스 / 하디
115 세계발행금지도서100선
   / 안춘근
116 춘향전 / 이민수 역주
117 형이상학이란 무엇인가
   / 하이데거
118 어머니의 비밀 / 모파상
119 프랑스 문학의 이해 / 송면
120 사랑의 핵심 / 그린
121 한국 근대문학 사상 / 김윤식
122 어느 여인의 경우 / 콜드웰
123 현대문학의 지표 외/ 사르트르
124 무서운 아이들 / 장콕토
125 대학·중용 / 권태익
126 사씨 남정기 / 김만중
127 행복은 지금도 가능한가
   / B. 러셀
128 검찰관 / 고골리
129 현대 중국 문학사 / 윤영춘
130 펄벅 단편 10선 / 펄벅
131 한국 화폐 소사 / 최호진
132 사형수 최후의 날 / 위고
133 사르트르 평전/ 프랑시스 장송
134 독일인의 사랑 / 막스 뮐러
135 사서삼경 입문 / 이민수
136 로미오와 줄리엣 /셰익스피어
137 햄릿 / 셰익스피어
138 오델로 / 셰익스피어
139 리어왕 / 셰익스피어
140 맥베스 / 셰익스피어
141 한국 고시조 500선/강한영 편
142 오색의 베일 /서머셋 모옴
143 인간 소송 / P.H. 시몽
144 불의 강 외 1편 / 모리악
145 논어 /남만성 역주
146 한여름밤의 꿈 / 셰익스피어
147 베니스의 상인 / 셰익스피어
148 태풍 / 셰익스피어
149 말괄량이 길들이기/셰익스피어
150 뜻대로 하셔요 / 셰익스피어

151 한국의 기후와 식생 / 차종환
152 공원묘지 / 이블린
153 중국 회화 소사 / 허영환
154 데미안 / 헤세
155 신역 서경 / 이민수 역주
156 임어당 에세이션 / 임어당
157 신정치행태론 / D.E.버틀러
158 영국사 (상) / 모로아
159 영국사 (중) / 모로아
160 영국사 (하) / 모로아
161 한국의 괴기담 / 박용구
162 윤손 단편 선집 / 윤손
163 권력론 / 러셀
164 군도 / 실러
165 신역 주역 / 이기석
166 한국 한문소설선 / 이민수 역주
167 동의수세보원 / 이제마
168 좁은 문 / A. 지드
169 미국의 도전 (상) / 시라이버
170 미국의 도전 (하) / 시라이버
171 한국의 지혜 / 김덕형
172 감정의 혼란 / 쯔바이크
173 동학 백년사 / B. 웜스
174 성 도밍고섬의 약혼 /클라이스트
175 신역 시경 (상) / 신석초
176 신역 시경 (하) / 신석초
177 베를렌느 시집 / 베를렌느
178 미시시피씨의 결혼 / 뒤렌마트
179 인간이란 무엇인가 / 프랭클
180 구운몽 / 김만중
181 한국 고시조사 / 박을수
182 어른을 위한 동화집 / 김요섭
183 한국 위기(圍棋)사 / 김용국
184 숲속의 오솔길 / A.시티프터
185 미학사 / 에밀 우티쯔
186 한중록 / 혜경궁 홍씨
187 이백 시선집 / 신석초
188 민중들 반란을 연습하다
  / 귄터 그라스
189 축혼가 (상) / 샤르돈느
190 축혼가 (하) / 샤르돈느
191 한국독립운동지혈사(상)
  / 박은식
192 한국독립운동지혈사(하)
  / 박은식
193 항일 민족시집/안중근외 50인
194 대한민국 임시정부사 /이강훈
195 항일운동가의 일기/장지연 외
196 독립운동가 30인전 / 이민수
197 무장 독립 운동사 / 이강훈
198 일제하의 명논설집/안창호 외
199 항일선언·창의문집 / 김구 외
200 한말 우국 명상소문집/최창규
201 한국 개항사 / 김용욱
202 전원 교향악 외 / A. 지드
203 직업으로서의 학문 외
  / M. 베버
204 나도향 단편선 / 나빈
205 윤봉길 전 / 이민수
206 다니엘라 (외) / L. 린저
207 이성과 실존 / 야스퍼스
208 노인과 바다 / E. 헤밍웨이
209 골짜기의 백합 (상) / 발자크
210 골짜기의 백합 (하) / 발자크
211 한국 민속악 / 이선우
212 젊은 베르테르의 슬픔 / 괴테
213 한문 해석 입문 / 김종권
214 상록수 / 심훈
215 채근담 강의 / 홍응명
216 하디 단편선집 / T. 하디
217 이상 시선집 / 김해경
218 고요한물방아간이야기
  / H. 주더만
219 제주도 신화 / 현용준
220 제주도 전설 / 현용준
221 한국 현대사의 이해 / 이현희
222 부와 빈 / E. 헤밍웨이
223 막스 베버 / 황산덕
224 적도 / 현진건
225 민족주의와 국제체제 / 헌슬리

226 이상 단편집 / 김해경
227 삼략신강 / 강무학 역주
228 굿바이 미스터 칩스 (외) / 힐튼
229 도연명 시전집 (상) / 우현민 역주
230 도연명 시전집 (하) / 우현민 역주
231 한국 현대 문학사 (상) / 전규태
232 한국 현대 문학사 (하) / 전규태
233 말테의 수기 / R.H. 릴케
234 박경리 단편선 / 박경리
235 대학과 학문 / 최호진
236 김유정 단편선 / 김유정
237 고려 인물 열전 / 이민수 역주
238 에밀리 디킨슨 시선 / 디킨슨
239 역사와 문명 / 스트로스
240 인형의 집 / 입센
241 한국 골동 입문 / 유병서
242 토마스 울프 단편선 / 토마스 울프
243 철학자들과의 대화 / 김준섭
244 파리시절의 릴케 / 버틀러
245 변증법이란 무엇인가 / 하이스
246 한용운 시전집 / 한용운
247 중론송 / 나아가르쥬나
248 알퐁스도데 단편선 / 알퐁스 도데
249 엘리트와 사회 / 보트모어
250 O. 헨리 단편선 / O. 헨리
251 한국 고전문학사 / 전규태
252 정을병 단편집 / 정을병
253 악의 꽃들 / 보들레르
254 포우 걸작 단편선 / 포우
255 양명학이란 무엇인가 / 이민수
256 이육사 시문집 / 이원록
257 고시 십구수 연구 / 이계주
258 안도라 / 막스프리시
259 병자남한일기 / 나만갑
260 행복을 찾아서 / 파울 하이세
261 한국의 효사상 / 김익수
262 갈매기 조나단 / 리처드 바크
263 세계의 사진사 / 버먼트 뉴홀
264 환영 (幻影) / 리처드 바크
265 농업 문화의 기원 / C. 사우어
266 젊은 처녀들 / 몽테를랑
267 국가론 / 스피노자
268 임진록 / 김기동 편
269 근사록 (상) / 주희
270 근사록 (하) / 주희
271 (속)한국근대문학사상/ 김윤식
272 로렌스 단편선 / 로렌스
273 노천명 수필집 / 노천명
274 콜롱바 / 메리메
275 한국의 연정담 / 박용구 편저
276 심현학 / 황산덕
277 한국 명창 열전 / 박경수
278 메리메 단편집 / 메리메
279 예언자 / 칼릴 지브란
280 충무공 일화 / 성동호
281 한국 사회풍속야사 / 임종국
282 행복한 죽음 / A. 까뮈
283 소학 신강 (내편) / 김종권
284 소학 신강 (외편) / 김종권
285 홍루몽 (1) / 우현민 역
286 홍루몽 (2) / 우현민 역
287 홍루몽 (3) / 우현민 역
288 홍루몽 (4) / 우현민 역
289 홍루몽 (5) / 우현민 역
290 홍루몽 (6) / 우현민 역
291 현대 한국시의 이해 / 김해성
292 이효석 단편집 / 이효석
293 현진건 단편집 / 현진건
294 채만식 단편집 / 채만식
295 삼국사기 (1) / 김종권 역
296 삼국사기 (2) / 김종권 역
297 삼국사기 (3) / 김종권 역
298 삼국사기 (4) / 김종권 역
299 삼국사기 (5) / 김종권 역
300 삼국사기 (6) / 김종권 역
301 민화란 무엇인가 / 임두빈 저
302 무정 / 이광수
303 야스퍼스의 철학 사상
　　 / C.F. 월레프
311 한국풍속화집 / 이서지